Maison et étables en longueur, pouvant atteindre 90 mètres

La ferme fermée ou "ferme carrée"

Habiter et gérer ses affaires à partir d'une seule pièce? Hommes et bêtes ensemble sous un même toit? Ce type de ferme avec une façade qui s'étire en longueur, derrière laquelle s'alignent corps d'habitation et étables et où les humbles paysans habitaient dans le même espace que leurs bêtes, a une longue tradition. Cette construction caractéristique jouait un rôle important dans l'histoire de l'architecture rurale et, si l'on en croit le résultat des fouilles, elle remonte à cinq cents ans avant Jésus-Christ. C'est à partir de là que se sont développées toutes les autres manières de construire. On dit que ce type de construction a surtout survécu là où la tradition celtique, c'est-à-dire loin de toute influence étrangère, a subsisté le plus longtemps. C'est du moins ce que disent les experts. Les fermes de facture les plus simples se retrouvent là, où la terre étant difficile à travailler, les existences étaient les plus modestes; là où la terre était sableuse et les prés maigres et le sont toujours: comme dans la lande aride de Campine dans les provinces d'Anvers et du Limbourg et le nord du Brabant Flamand. Dans certaines régions, comme par exemple dans les Polders flamands, les fermes en longueur peuvent atteindre jusqu'à 90 mètres, selon l'importance des revenus de l'exploitant.
Les fermes de Flandre-Occidentale et de Flandre-Orientale avec leurs volets colorés et leurs façades peintes en ocre ou en blanc ou encore en jaune éclatant, séduisent toujours par leur charme unique. Même en Campine, du moins là, où le cultivateur a atteint une certaine aisance, on découvre encore, cachées entre bois et champs l'une ou l'autre de ces splendides fermes au toit de chaume. Le rêve pour le citadin fuyant la ville.

Est-ce une ferme inhospitalière comme d'aucuns le croient? Une forteresse massive, rebutante, avec l'architecture massive d'un château-fort, quelque part à proximité d'un village ou solitaire sur une hauteur, indifférente au monde autour d'elle? Portes et fenêtres fermées. On trouve ces fermes la plupart du temps dans des régions fertiles, là, où l'agriculteur engrange de riches récoltes, en Brabant, en Hesbaye, dans le Condroz et presque partout en Wallonie. Mais dès que le visiteur est autorisé à en franchir le portail, il perd rapidement ses inhibitions et oublie ses préjugés. Une fois à l'intérieur, s'ouvre à lui le monde laborieux d'une exploitation agricole lucrative. Autour de l'impressionnante cour intérieure sont regroupés manoir et granges, parc à véhicule et étables. À la belle saison resplendissent aux fenêtres et le long de la façade grise, les mille couleurs des géraniums, des glycines et des rosiers grimpants et parfumés. Ce n'est qu'au cours des XVIe et XVIIe siècles que s'est développée cette monumentale construction de la ferme en carré, siège et refuge du riche agriculteur, de sa famille et de sa domesticité. Et elle existe encore. Elle n'est pas rare. Il n'y a qu'à se rendre à la campagne et regarder autour de soi.

Fermes et vie rurale

Flânerie au cœur du terroir belge

Rosine De Dijn & Siegfried Himmer

Fermes et vie rurale

Flânerie au cœur du terroir belge

Sommaire

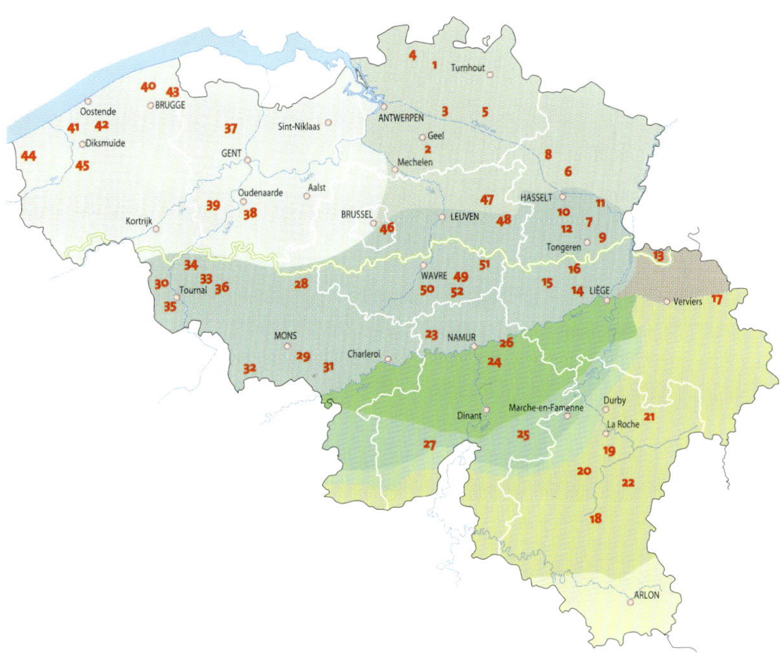

S. 6-7: Gustave van de Woestyne, Le semeur, 1913

Museum David en Alice van Buuren

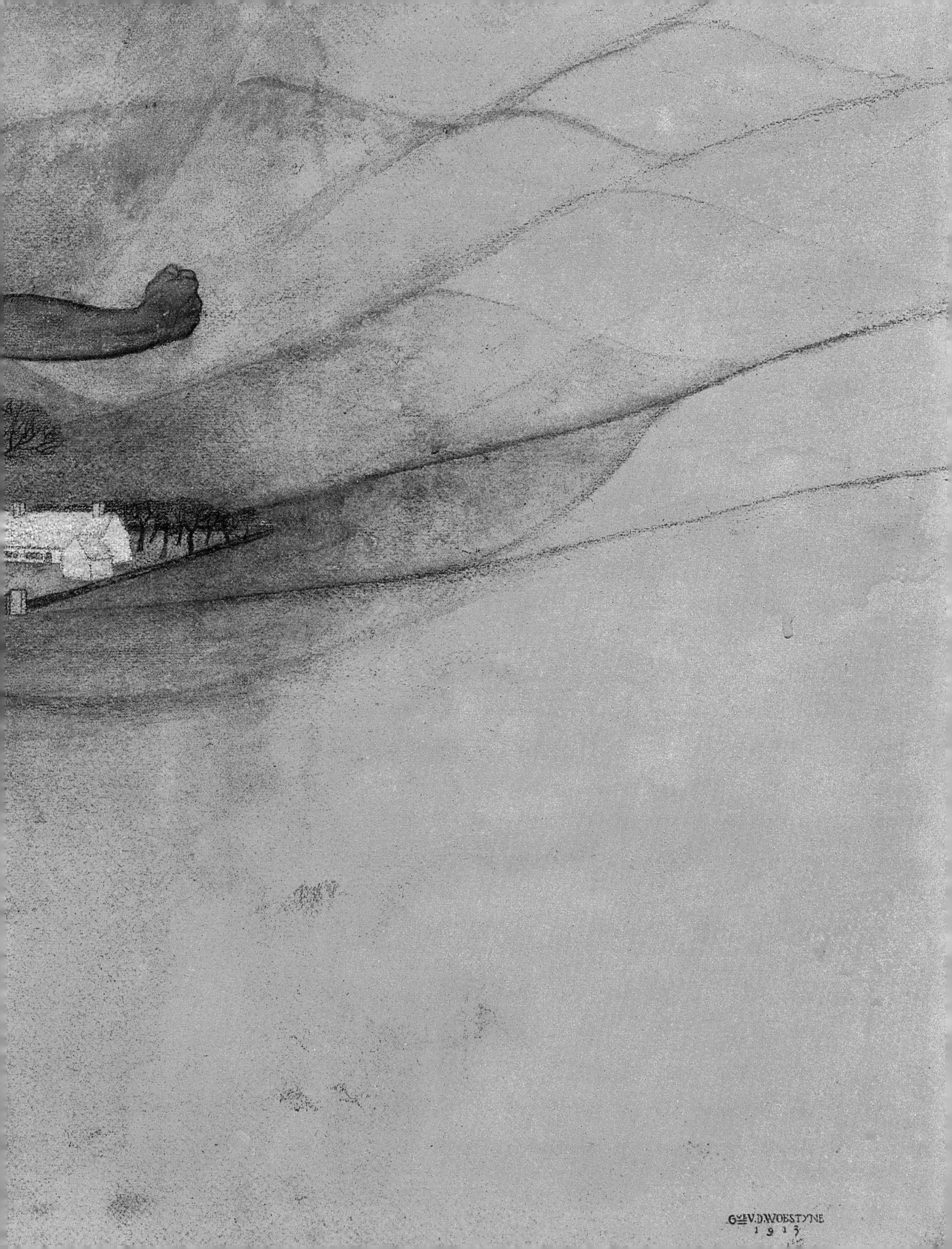
V.D.WOESTYNE
1913

Fermes et vie rurale

Flânerie au cœur du terroir belge

Les paysages ont leur mélodie propre. Vallées et rivières, prairies se balançant au vent et marécages immobiles, douces collines et forêts, champs de blés et roches calcaires et, au milieu d'elles, des troupeaux paissant paisiblement tandis que s'égosillent alouettes et loriots. Ils n'ont pas disparu. Et qui dira si le vent leur apporte les semences par delà les crêtes des Ardennes ou le bon grain qui pousse dans la plaine flamande?

C'est l'obstination de générations d'agriculteurs, qui, obéissant à la loi divine, a créé ces champs opulents et cette riche terre. La lutte assidue contre les éléments, la dureté du quotidien est à la fois leur ennemie et leur amie sans restriction, c'est pour eux comme une seconde nature. Leur malice, cette proverbiale ruse paysanne, est en quelque sorte le filin auquel ils se rattachent toute leur vie. Une manière de se protéger, car la vie ne fait pas de cadeaux.

Rien ne compte plus pour lui que son sol, sa maison, sa ferme. Ils les ont cachées leurs fermes, derrière des rangées de peupliers, de marronniers ou de conifères, derrière de hautes haies, à proximité d'un village, derrière portes et fenêtres, dans l'ombre d'une vallée ou au sommet d'un monticule, au loin, comme entre ciel et terres.

À chaque détour du paysage apparaît un domaine ravissant, dans un coin perdu de la Campine sablonneuse, dans le Petit-Brabant, le *Hageland* ou le *Pajottenland* (le pays de Bruegel), dans la Lorraine Belge, sur les hauts-plateaux des Ardennes, dans le limon au nord-ouest du Hainaut ou dans le Condroz au doux relief près de Namur, loin des regards étrangers, là, partout, ils connaissent aujourd'hui encore une vie agricole intense.

Il y a un monde entre la *forteresse* ardennaise, la *ferme carrée* du Limbourg, la longue bâtisse chaulée qui s'étire dans le paysage de Flandre-Occidentale, la *ferme-château* féodale du Brabant, de la province de Namur ou du Hainaut et les modestes maisons paysannes de Campine ou les petites fermes des collines de Flandre-Orientale. Ce sont la particularité des sols, la versatilité des vents et les conditions météorologiques qui en sont la cause. Leur histoire commune, d'un bout à l'autre du pays, se rattache à une tradition qui leur vient de leurs aïeux.

Et l'éternelle répétition des saisons: labourer et semer, sarcler et fumer, allumer un feu et arroser, surveiller le bétail et récolter, attendre et prier, mettre en conserve et cuire. Une lutte permanente avec une nature qui sans cesse meurt et renaît, les régressions économiques et sociales, le jeu des circonstances incalculables comme la guerre ou la paix, les catastrophes naturelles et le besoin impératif de tout prévoir, liée à l'obligation viscérale d'assurer sa survie et celle des autres.
Tout le monde a son rôle à jouer: grands-parents, parents, enfants et petits-enfants vivent encore toujours sous le même toit. Chaque pierre du bien familial ou affermé a son histoire, son secret. Comme le vieux pot de céramique, l'auge dans la grange ou le fauteuil râpé à côté du poêle.
Bonheurs et malheurs se succèdent, les cris d'enfants alternent avec les veillées des morts sous les lambris.
Et la ferme du cultivateur ? Elle est là, bien ancrée dans le sol. Sur un sol ancestral. Et cela très souvent depuis plusieurs générations. Comme leurs noms l'indiquent: "Hoeve Boerentag", "Château-ferme du Pape", "La Grande Ferme", "Rie Karduyns Hof" ou "Sint-Jacobshoeve", autant de témoignages d'époques révolues. "Goed van Rapenburg" ou "De Wallhoeve", "Ferme du Ménil", "Château-ferme de Mozet" ou "Hof te Cattebeke", toutes ces fermes semblent avoir déjà figuré sur les tableaux de Bruegel, ces images qui nous montrent des chariots bourrés de récoltes qui tremblent au soleil de juillet, la sèche odeur du foin, les champs gras, mais aussi des images de disette, de famine et de destins tragiques des temps anciens.
Et l'agriculteur? Il est d'un naturel plutôt réservé. Sa vie est-elle vraiment aussi idyllique que se l'imaginent les citadins?
Non, sans doute! Il ne connaît que le dur travail pour arracher ses fruits à notre mère, la terre.
Celui qui part à la recherche de traces du passé découvrira certainement, loin des sentiers battus, quelque beauté des temps anciens, des mœurs primitives et fondamentales qui ont survécu au temps. Et dans chaque être humain de la sincérité et des coins secrets. Mais aussi du scepticisme, de la méfiance. Car la nature enseigne la prudence aux hommes. Un étranger qui vient jeter un coup d'œil n'amène pas nécessairement le bien. Il faut donc bien prendre le temps de peser le pour et le contre et cela dure un peu...

Autrefois, on appelait ce bout de terre qui forme aujourd'hui la Belgique, "Le Jardin de l'Europe"

Commençons par un peu d'histoire.
Il faut savoir qu'à la fin du XIIe siècle, mis à part les territoires au sud de la Sambre et de la Meuse que l'on avait déjà copieusement défrichés, ce pays qu'on appelle aujourd'hui Belgique n'était plus guère boisé. Des propriétaires fonciers avisés menacèrent alors de contrôler et de réglementer l'abattage des grands arbres qui se raréfiaient comme matériel de construction. De nombreuses forêts dans la partie nord de la Flandre et du Brabant et plus encore en Campine avaient été totalement désertifiées à la suite de défrichements anarchiques, mais aussi par leur transformation en pâturages pour le bétail, en particulier là, où le sol sablonneux était peu fertile. Les comtes de Flandres et les ducs de Brabant se mirent à vendre de plus en plus de terres incultes, souvent abandonnées, à des communautés religieuses ou à des personnes privées.
Entre-temps, la population s'était accrue considérablement.
La main-d'œuvre ne manquait pas, et, grâce à leur labeur et leur travail intensif de la terre, les paysans ne tardèrent pas à engranger de copieuses récoltes et de solides bénéfices. Mais le servage et les redevances étaient énormes. Toute la famille devait mettre la main à la pâte. Le père, la mère, les nombreux enfants plus les frères, les sœurs du paysan ainsi que les valets

de ferme, devaient se mettre à l'ouvrage. À l'époque, le droit de succession ne favorisait pas particulièrement l'expansion, d'autant plus que l'accroissement considérable de la population avait entraîné une immense fragmentation des propriétés terriennes traditionnelles libres. Au début du XIVe siècle, plus de la moitié des entreprises agricoles ne recouvraient guère plus de cinq hectares de terrain. C'était le seuil en dessous duquel une famille d'agriculteurs ne pouvait vivre. D'où la nécessité pour une grande partie de la population paysanne de chercher à améliorer son ordinaire par d'autres moyens, en se louant comme journaliers dans les fermes affermées ou dans les usines textiles voisines. Ce n'était pas la joie!

Pauvreté et sous-alimentation tenaillaient de plus en plus la population.

À cela s'ajouta au début du XIVe siècle la première grande famine qui sévit pendant plus de cent ans. Pis encore: en 1349, la peste envahit le sud des Pays-Bas, apportant avec elle, pour la première fois depuis le XIVe siècle, la peste bubonique et pneumonique en Europe occidentale, exerçant en particulier ses ravages dans le sud de la Flandre et dans le Hainaut, tuant un tiers de population. Le long de la côte flamande, en Flandre-Occidentale, en Brabant, dans le Luxembourg, un quart de la population périt pendant l'épidémie. Une catastrophe qui ne prenait pas de fin. Sans compter que le peuple quittait en masse les grandes villes, comme ce fut le cas à Anvers. Cette terrible maladie réapparut sans cesse jusqu'au début du XVe siècle. Cela ne resta pas sans conséquences. La population fut affaiblie et l'essor compromis. À cela s'ajoutèrent de vastes événements politiques comme le soulèvement gantois de 1379-1385, le blocus des Flandres de 1438 à 1439, la guerre sous Charles-le-Téméraire dans les années soixante-dix et sous Maximilien d'Autriche dans les années quatre-vingts du XVe siècle. Les conflits armés, les destructions, les pillages, les méfaits des iconoclastes et les troubles durant les guerres de religion, traînant avec elles des armées affamées de mercenaires pillards, menaçaient la terre des cultivateurs.

Dans le courant du XVe siècle, le taux de la population baissa de près d'un quart, ce qui signifie qu'à l'approche de la fin de ce siècle, les belles terres fertiles étaient non seulement détruites, mais abandonnées.

La nature elle-même fut sans pitié.

Même au sein d'une guerre qui dévastait le pays, les paysans pieux ne pouvaient pas s'en remettre à Dieu. En 1580 commença ce que l'on a appelé "*le petit âge glaciaire*", une dégradation du climat en Europe qui dura de 1400 à 1900, parfois entrecoupée de périodes de radoucissement de la température. Cette période connut ses moments climatiques les plus critiques au cours des années 1580-1610, 1640-1655 et de 1690 à 1710. De sorte que les hivers les plus rudes coïncidèrent avec les années de guerre les plus meurtrières. Rien ne fut donc épargné à la population des campagnes: les récoltes furent perdues et il en résulta de terribles famines.

Réconfort au sein de l'étable et dans la grange

Au XVIIe siècle, les choses se mirent à changer, d'abord lentement. Finalement ce n'est qu'au début du XVIIIe siècle que les paysans purent enfin pousser un soupir de soulagement. Des temps meilleurs s'installaient. Semailles et récoltes apportaient l'espoir de pouvoir vivre bientôt en harmonie avec les éternels retours de la nature.

Mais, à qui appartenait la terre? La noblesse, la grande bourgeoisie, fortement présente aux abords des villes, les municipalités, ainsi que les institutions religieuses, abbayes et cloîtres, devaient maintenant se partager le gâteau.

Parfois le morceau était grand, parfois... un peu plus petit...

Au XVIe siècle, dans les polders de la côte flamande, la taille moyenne des exploitations évoluait entre 10 et 25 hectares. Dans les régions sablo-limoneuses de la Flandre-Occidentale, elles avoisinaient 5 à 15 hectares, tandis que les fermes de moyenne importance comme dans la plupart des régions de Flandre et du Brabant couvraient entre 3 et 5 hectares. Dans la Hesbaye et le Hainaut fertiles ainsi que dans le Namurois, les exploitations agricoles étaient considérablement plus grandes, on estime leur taille à environ 20 à 30 hectares, pour autant que l'on puisse s'en remettre à des chiffres fiables.
Au XVIe et au XVIIe siècles, on pratiquait encore dans les régions de l'actuelle Belgique le système de l'assolement hérité du Moyen Âge. Surtout dans la partie sud du territoire, dans les Ardennes, les environs de Liège, dans la partie wallonne du Brabant, dans le Hainaut, la Hesbaye flamande où les contrats d'affermage prescrivaient cette méthode. Il y avait peu de pâturages, tout était réservé à la culture des céréales. Le bétail était peu important, on ne possédait que ce qu'il fallait de chevaux et de vaches pour avoir du lait pour le ménage. En outre, la plupart des agriculteurs possédaient un troupeau de moutons. Dans certaines régions, les exploitations étaient vraiment très petites, les chevaux servaient de bêtes de somme et l'on avait aussi deux ou trois vaches qui, le cas échéant, jouaient le même rôle.
On plantait surtout du seigle, du blé noir et du lin. En tête des produits agricoles, on trouve au début des XVI et XVIIe siècles, presque partout les céréales servant à faire le pain: seigle, froment, orge, blé épeautre, avoine. La culture du sarrasin est surtout répandue dans le nord de la Flandre et dans le pays de Waas; le houblon est planté le long de la Dendre, autour de Poperinge et dans le Hainaut.

Dès la fin du XVIIe siècle on plantait, des pommes de terre dans la région de Nieuport, du lin dans le *Westhoek* et dans les Ardennes. Le chanvre poussait aux environs de Ninove, de Namur, de Termonde et dans le sud du Limbourg; le réséda dans la région d'Alost, d'Audenarde à l'ouest du Brabant, tandis que la garance ne croissait que dans la région brugeoise.
En concurrence: les chevaux flamands et ardennais.
Les premiers étaient grands et puissants, les seconds petits et résistants. Les herbages, les herbes juteuses et une alimentation bien équilibrée à base d'orge, de seigle, d'avoine, de fèves et de pois permirent bientôt, dans certaines régions, d'élever des bêtes d'un poids respectable. Le paysan était fier de ses engraissements qui lui donnaient des vaches laitières qui pesaient 550 kilos, 700 pour celles destinées à l'abattoir tandis que les bœufs voués au même destin faisaient, à Anvers par exemple, 600 kilos. Impressionnant!
Partout on faisait l'élevage de moutons, souvent avec des méthodes différentes. C'est dans les polders qu'on trouvait les plus grands troupeaux et dans les régions céréalières du Brabant, du Hainaut et de la Hesbaye. Au cours de la seconde moitié du XVIe siècle, le porc devient à la mode. Là, où notre brave mouton atteignait tout juste 60 kilos et ne donnait qu'une portée de maximum quatre agneaux, le cochon, lui, pouvait atteindre 150 kilos et avoir à chaque portée cinq à dix porcelets.
La manière dont fonctionnait l'agriculture dans ce pays suscita l'admiration générale jusqu'à la fin de l'Ancien Régime. Cela vaut surtout pour la Flandre et le Brabant, deux régions qui se distinguaient par une gestion exemplaire et fructueuse et suscitaient l'intérêt de la plupart des agronomes contemporains. On les a appelées "*La Mecque*" de l'agriculture. On a même réussi à obtenir plusieurs récoltes par an et cela sur un sol rarement

prédestiné à de tels exploits. Une préparation soigneuse et une utilisation efficace de plantes fourragères dans l'assolement permirent la création d'un important cheptel qui à son tour livra un abondant fumier. Comme cette évolution allait de pair avec un accroissement constant de la population dans une des contrées où son taux était le plus dense (en moyenne 150 habitants au kilomètre carré vers 1850) on comprend l'intérêt de nombreux contemporains de se rendre compte par eux-mêmes des résultats obtenus...

La "culture de misère"

Mais tout cela était trop beau pour rester vrai. De gros nuages s'amoncelèrent dès le début du XIXe siècle. Une exploitation de petite envergure liée au développement d'une industrie domestique ne permet plus guère de progresser. Ce pays qui, un demi-siècle plus tôt, était donné en exemple comme l'un des plus prospères du monde, tomba rapidement dans l'arriération et la pauvreté. L'image de ce siècle est dominée par les diminutions de salaires, un produit intérieur brut amenuisé, un nombre important de personnes dépendant de la charité de l'état et un faible niveau d'instruction. La crise des cultures des céréales et des pommes de terre accéléra encore la dégradation sociale. La densité de la population, l'abus de la culture du blé et finalement les conditions géographiques d'un territoire aux dimensions limitées, ne permirent pas l'accroissement des surfaces de cultures. En plantant de la pomme de terre sur la même surface qu'un champ de blé, on arrive à nourrir quatre fois plus de gens. Cette pomme de terre fortement controversée fut appelée "*culture de misère*". Mais la population avait faim et la pomme de terre devait combler le déficit en calories. Rien d'étonnant donc à ce que les pauvres se nourrissent de manière déséquilibrée en absorbant surtout des hydrates de carbone. Dans cette situation quasiment sans issue, la population cherchait désespérément à améliorer son ordinaire. Les gens essayaient donc d'acquérir quelques sous, grâce à des travaux domestiques ou en se louant comme journaliers. Ainsi, les exploitations agricoles devinrent de plus en plus petites tandis que les prix des affermages et des terrains s'envolaient. Tout cela amena un surcroît de main-d'œuvre qui fit descendre les salaires des travailleurs de la terre en dessous du minimum vital.

Un cercle vicieux

Dans les campagnes, au début du XIXe siècle, les familles vivaient uniquement de pain et de pommes de terre. Les produits laitiers et la viande étaient un luxe inaccessible à la plupart d'entre elles.

Vers le milieu des années 1800, le déclin arriva à son comble, la crise structurelle criante. La Flandre fut la plus touchée. Le rapport de l'agriculture était certes satisfaisant mais c'est là aussi que l'industrie domestique était la mieux installée. En Wallonie, les choses se passèrent autrement. Le problème d'une industrialisation précoce et rapide fut résolu plus tôt, réduisant ainsi le fossé entre population et emploi. Dans *le département Sambre-et-Meuse*, les nouvelles manufactures attirèrent une main-d'œuvre importante issue du plat pays.

Vers la fin du XIXe siècle, petits exploitants et travailleurs agricoles du Hainaut et de la province d'Anvers, mais surtout des deux Flandres s'expatrièrent dans le nord de la France, dans la région d'Orléans pour y trouver du travail. Loin de chez eux, ils sarclaient, défrichaient, moissonnaient, selon l'offre, pour un salaire trois à quatre fois plus élevé que dans leur Flandre natale. Ce travail leur semblait humiliant, mais l'argent durement gagné était indispensable pour ceux restés au foyer.

Il fallait payer les affermages des petites fermes mais aussi nourrir les chères têtes blondes et payer ses dettes chez l'épicier. Pour un salaire de misère, ces pauvres gens, exploités sans scrupules, s'échinaient encore au clair de lune sans oser réclamer un meilleur logis et une meilleure table. Ce furent des temps durs.

À temps nouveaux, méthodes nouvelles

La Belgique ne fut pas la seule à subir la grande dépression agricole de 1880, les autres pays d'Europe en furent également atteints. Cette dépression fut déclenchée par ce que l'on a appelé l'*"agricultural invasion"*. L'Amérique inonda de céréales bon marché une Europe mal en point et imposa de nouvelles techniques agricoles. Une marine commerciale fonctionnant parfaitement donna le coup de grâce. Une baisse des prix monumentale entraîna définitivement et logiquement une perte de revenus insurmontable parmi les petites et moyennes entreprises agricoles dans l'incapacité de passer du jour au lendemain à la production de fruits ou de viande.
Le fond de La dépression fut atteint vers 1895 et le désastre fut complet.
En désespoir de cause, certains ouvriers d'usine, des petits agriculteurs, cherchèrent à améliorer leur niveau de vie en affermant quelques poignées de terre sur lesquelles ils plantèrent avec soin et amour, des pommes de terre, un peu de légumes, voire des céréales. Parfois ils achetèrent un cochon pour arriver à nourrir leurs familles. Certains avaient même une vache dans l'étable ou bien, surtout en Flandre, une chèvre ou quelques lapins. Tout ce que l'on ne mangeait pas était porté à la ville dès potron-minet par le fermier ou son épouse. Un petit revenu d'appoint, une poire pour la soif pour les familles nombreuses. Cette pratique se poursuivit bien au-delà des années de dépression et les plus habiles finirent par se spécialiser dans l'horticulture, la culture des légumes ou celle des fruits comme baies et poires.
Dans la région de Namur, par exemple, on se spécialisa dans les fraises, tandis qu'à Malines ce fut le chou-fleur. Aux portes de Bruxelles, dans les serres de Hoeilaart et d'Overijse, mûrissaient les lourdes et sombres grappes du raisin et près de Asse, on se consacra aux légumes, aux fruits et aux baies.
Il faut encore souligner qu'au cours de la seconde moitié du XIXe siècle, l'agriculture belge commença à profiter des progrès de la science et de l'industrie.

Le chemin de fer sillonnait le pays!

Dès 1880, la plupart des villages, jusqu'à présent perdus dans la campagne, étaient reliés au réseau ferroviaire, sortant ainsi de leur isolement. L'industrie chimique, les progrès de la science et les fabricants de machines agricoles apportèrent une aide précieuse pour les travaux des champs.
À cela s'ajoute la mise sur pied d'un système de formation largement ramifié. Les agriculteurs s'organisèrent en coopératives indépendantes et fréquentèrent les cours du soir. Il souhaitèrent parfaire leurs connaissances. Bientôt on apprit l'existence de publications spécialisées, de coopératives de vente-achat, de grandes laiteries, de crédits bancaires spécialement étudiés pour les petits exploitants et enfin, la création d'un système d'assurance.
Cette évolution positive continua de se développer au-delà de la Première Guerre Mondiale. Dans les villages on se livra à des tentatives sous les directives de l'instituteur ou du curé du village. On procéda à des essais d'engrais sur son propre terrain.

Des brochures simples et claires furent distribuées et les agronomes se mirent au travail.
Mais, ce n'est pratiquement qu'au début du XXe siècle que la paysannerie se remit du choc profond de la dépression agricole et prit de nouvelles orientations.
Chacun pour soi, s'entend.
Car la Belgique est un pays d'individualistes...

Par exemple les fermes et leurs habitants de la Flandre sableuse, dans le "*Klein-Brabant*", le *Hageland*, près de Leuven (Louvain) occupant une zone sablo-limoneuse qui s'étend jusqu'au nord-ouest du Hainaut, n'utilisent absolument pas les mêmes techniques que les cultivateurs de la fructueuse Hesbaye ou des vastes parties du Hainaut qui n'avaient pas hésité à profiter de la mécanisation pour moderniser leurs exploitations. L'industrie laitière fleurit sur les pentes des douces collines du pays de Herve ou des Ardennes solitaires, où l'on trouve de plus grosses exploitations et de plus grands domaines proches de ceux qui bordent la mer ou des polders de l'Escaut.
À chacun sa manière.
C'est pourquoi en dépit de l'étroitesse et de la bonne organisation de ce pays attaché à ses traditions, l'on trouve tant de différences d'une région à l'autre. Il faut dire que les conditions géologiques et climatiques sont également variées. On ne peut guère faire entrer dans le même schéma des régions comme la Campine, les polders, la Hesbaye limbourgeoise, le Condroz, la Famenne, les Ardennes et la Gaume! De sorte que ce n'est pas tant l'individualisme le responsable des succès et de la survie des diverses formes d'exploitations agricoles, que le climat, la situation géographique et les conditions d'exploitation.

La paysannerie: une corporation maltraitée...!

Souvent, son sort était étroitement lié aux caprices de l'un ou l'autre envahisseur et elle était exploitée jusqu'au dernier cent. C'était sur elle que pesait le plus souvent tout le poids de la guerre et elle ne devait sa survie qu'à son infatigable engagement physique et, sans doute aussi, son astuce.
Défenseur acharné des "us et coutumes", elle a survécu, grâce à son obstination.
Les gens avisés savent que la nature du sol influe sur le mode vie, les us et coutumes et le caractère des êtres qui y sont nés et qui restent profondément ancrés dans leur propre sol.
Là, où le sol est pauvre, les fermes sont petites, le paysan pauvre et les repas maigres, la paysanne humble, le mobilier désuet et finalement les habitants sont méfiants, acharnés et têtus.
Si la terre est grasse, les fermes sont grandes et le fermier est riche.
... Mais tout aussi acharné et têtu!
Tout le monde connaît le dicton: "On reconnaît l'arbre à ses fruits": c'est à ses actes qu'on connaît la valeur d'un homme ".
On dit aussi dans la langue populaire: "Il faut avoir tué père et mère pour devenir fermier en Brabant", tandis que dans le Limbourg, les Brabançons passent pour des "mangeurs de gâteaux et des voleurs de lard". Voilà qui en dit long sur la différence des paysages, sur les riches et les pauvres, les régions fertiles et les régions arides. Il y avait des petits malins et des pauvres types, seigneurs et valets, mendiants et vagabonds vivant – plutôt mal que bien – de la forêt. Une forêt qui servait de refuge aux brigands et abritait leur butin, des bandes de contrebandiers et de clandestins.

On les appelait des *Bokkerijders* – "chevaucheurs" de boucs – ces sinistres personnages qui fréquentaient sorcières et magiciens, traversaient le ciel sur le dos de boucs ailés et remplissaient de peur une population campagnarde devenue visionnaire...

C'est ainsi que l'on vivait à la campagne. Ainsi croissaient les villages, les petites et les grosses fermes, manoirs et châteaux, dans le paisible Limbourg comme dans le Westhoek où la terre était envahie à intervalles réguliers par les eaux, dans la fière province de Namur ou dans le Hainaut ondoyant, au bord des Ardennes inhospitalières ou sur la lande tranquille de Campine. Une variété infinie où que le regard se pose.
Mais toujours la prédominance de la nature.
Tous ces paysages n'ont qu'une chose en commun: dans chaque ferme, qu'elle soit petite ou grande, pauvre ou riche, la famille vivait au milieu des animaux familiers, la vache, le cheval, le cochon, proche de la grange avec les précieuses récoltes et le butin des saisons plus ou moins fertiles, durement acquis, soigneusement protégé et conservé à portée de la main.

"Oh, mon foyer! Mon doux foyer!"

Il n'y a pas si longtemps que dans certaines régions hommes et bêtes logeaient sous le même toit. Et dans certaines fermes rectangulaires c'est encore le cas aujourd'hui. Au cours des longues soirées d'hiver, c'est là que la famille se réunit avec parents et voisins, autour du foyer allumé au centre de la maison, pour des loisirs forcés tandis que les champs sommeillent et que le bétail dans l'étable rêve de riches herbages. Ici, on ne fait pas que se réchauffer ou laisser grésiller les ragoûts, mais on se raconte les derniers potins du village en écoutant le vent siffler dans la cheminée.

"Eigen haard is goud waard" dit ce proverbe sensé; *" my home is my castle"* disent les Anglais, un proverbe qui souligne bien le prix que représentent, outre le foyer, un toit au-dessus de sa tête et l'environnement familier.
Le foyer, symbole et âme de la maison.
Avec l'accroissement du bien-être, le bétail fut relégué dans une étable et le fourrage fut entreposé dans une grange. On mit un point d'honneur à acquérir un four à pain, des véhicules, une grange à tourbes, une bergerie et un colombier, car le nombre de bâtiments renforçait la position sociale.
C'est avant tout le style de construction qui indiquait la position sociale et l'orgueil du paysan. Les longues constructions aux façades souvent interminables, ou bien la grande cour entourée de bâtiments indépendants, ou l'imposante cour fermée, la *ferme carrée – ferme-château* – chacune d'elles nous en apprend beaucoup sur son histoire.
Les longues fermes typiques se rencontrent surtout en Campine et dans le *plat pays* du nord de la Belgique. C'était le refuge du petit agriculteur et du journalier. Là, le paysan vivait avec femme, enfants, vache et chèvre sous le même toit. Là où le fermier ajoutait sans cesse un nouveau bâtiment pour abriter le bétail et aussi, peut-être, pour se loger plus confortablement lui et sa famille – comme par exemple dans les polders le long de la mer – les façades de ces fermes pouvaient atteindre une cinquantaine de mètres.
Aujourd'hui, ces fermes plates sommeillent là, sous un ciel bas, entre pâturages et horizon, chaulées la plupart du temps, à un jet de pierre de la route côtière comme en folie, quand la foule, durant les mois d'été se marche sur les pieds.

Mais le paysan, lui, ne se laisse pas déconcerter.

Il n'est pas rare de trouver autour d'une cour de ferme, une imposante maison d'habitation avec les étables et les granges attenantes qui forment finalement une de ces *fermes carrées* dont on parlait. C'est le cas très souvent dans certaines régions de Flandre-Occidentale dans les polders, le long de l'Escaut jusque dans la Province d'Anvers. Dans ce cas, l'ensemble des bâtiments est entouré d'une douve. Là, le visiteur qui vient de franchir l'imposant portail – véritable emblème du propriétaire – ne s'attend guère en entrant dans la cour à être accueilli par des poules, des aboiements de chien, la fermière empressée. Et dans cette douceur estivale se déploie la splendeur multicolore des fleurs de la campagne.
"Là", peut-on dire avec Baudelaire, *"tout est calme et volupté"*.
Les riches agriculteurs des régions limoneuses, comme en Brabant par exemple, dans le sud du Limbourg, Namur, les Ardennes ou le Hainaut, "*résident*" dans de grands complexes clos; ces puissantes bâtisses sont appelées *fermes château* en raison de leur caractère féodal et révèlent confiance en soi et sens de la tradition. Ces véritables forteresses, bien souvent à l'écart de la vie du village ou de l'animation d'une ville, impressionnent par leurs proportions. Celui qui franchit ces imposants portails, ces arches qui surmontent l'entrée, pénètre dans un tout autre monde. À gauche et à droite du bâtiment principal, entourant la cour intérieure, se trouvent tous les bâtiments utilitaires comme les étables, les granges et le hangar réservé aux véhicules et aux outils. Sur ce domaine presque princier, règne un fier cultivateur conscient de sa dignité et de l'histoire de sa famille. Ici l'on sent la force tranquille, l'esprit d'indépendance et la volonté de payer de sa personne qui caractérisent si bien cette profession.
L'isolement de la ferme engendre un mode de vie propre.
Et aussi l'opiniâtreté.
La paysannerie. Une tradition séculaire. Imperturbable.

Un mode de vie propre dans la solitude des paysages belges

La terre a toujours été le joyau de l'agriculteur.
Les produits de la terre assuraient la subsistance de sa famille.
La chanson du vent, les vertus curatives des plantes, la trace du lièvre, du renard et du lapin, du faisan, de la perdrix, du canard, de la bécasse ou du merle, le lever et le coucher du soleil et le mystère des phases de la lune, tout cela fait partie de son monde, dans la solitude de la nature, et invite à la méditation.
Mais ce n'est pas tout. Le champ, la forêt et les prés fournissaient du foin pour l'étable, de la tourbe pour le feu; les abeilles dans leur ruche fabriquaient le miel et la cire qui servait à faire des bougies pour s'éclairer. Et si Dieu le veut, le mouton donnerait la laine et le fumier, le cochon son jambon, la vache son lait, le beurre et la viande.
La fermière s'occupait du poulailler, du potager, des plantes médicinales, des parterres de fleurs et du clapier. La fermière était indispensable à l'ascension sociale du fermier.
Le métier était dur, la vie rude. Pas le temps de s'ennuyer.
On n'était pas seulement méfiant mais aussi superstitieux.
Les préoccupations principales allaient à la fécondité et à la croissance des plantes, des animaux et des hommes. Le soleil et la pluie étaient l'objet de certains rites. La lune et les signes du zodiaque se mêlèrent de tous temps aux mythes et aux légendes. Aujourd'hui encore les dictons sur le temps sont toujours dans toutes les bouches et il n'est pas rare que de vieux paysans recourent à des incantations pour conjurer maladies et

malheurs des bêtes et des hommes. Dans certaines régions, on va même jusqu'à organiser des rogations pour protéger les récoltes.
Usages et coutumes font toujours partie de la vie paysanne. Les principes familiers sont soigneusement entretenus et constituent un puissant sentiment d'appartenance. Le travail en commun, l'esprit d'entraide et les fêtes communes constituent un lien. On vit, on souffre parmi ses pareils: le fermier, sa famille, ses domestiques et les voisins. Tous partagent le même sort et quand la récolte est engrangée, que l'étable, la grange et les caves sont pleines, alors on peut donner libre cours à la joie de vivre. Alors c'est le moment de boire et de danser, de jouer, le moment de la fête est enfin arrivé...

... Et on ne s'en prive pas à la campagne; aujourd'hui encore. Celui qui a le mieux peint la vie paysanne c'est Pieter Bruegel l'Ancien (±1525-1569). Sa peinture typique, parfois grotesque, proche de la caricature nous livre une assez bonne image de cette vie villageoise débordante, sous la forme d'une immense orgie où les instincts et les mœurs les plus débridés se donnent libre cours. Comme si le paysan, sa famille et ses domestiques n'avaient eu rien d'autre en tête que de bâfrer, boire et se chamailler. Ces images fascinantes grouillent de personnages hauts en couleur, participant à des repas de noces, patinant sur la glace, dansant, flirtant, couchés dans un pré, jouant de la cornemuse et mangeant de la *pape au riz*.
Mais la vraie vie était tout autre.
Il y avait les rudes travaux des champs, il fallait labourer et semer par tous les temps, faucher et récolter dans la crainte que toute cette peine soit réduite à néant. N'était-on pas tributaire des humeurs de la nature et de celles du Très-Haut?
La nature... comme une immense cathédrale.

Une vie humble. Sans luxe

Et il y avait belle lurette que la vie n'était pas rose. On n'a aucune idée aujourd'hui de la manière dont vivaient certaines familles d'agriculteurs il y a encore quelques générations. À la fin du XIXe siècle, c'était la pauvreté absolue. Les histoires que racontent les vieux sont pleines de mélancolie, elles insistent sur le fait qu'il faut "*se contenter de peu et d'être satisfait*". Dans les périodes de disette, les filles allaient se faire embaucher comme servantes, pour un salaire de misère et sans temps libre, par la riche bourgeoisie des villes ou des villages. Plus d'un fils de paysan devenait valet de ferme ou cherchait un emploi dans une des nouvelles usines des environs. Même les enfants allaient travailler et rapportaient quelques pièces pour la caisse commune. À la campagne on ne connaissait guère que les familles nombreuses. On était pieux, on craignait Dieu et on faisait beaucoup d'enfants...
On vivait entre soi. Ils existent encore ces grands-pères et ces grands-mères qui n'ont jamais mis un pied hors de leur village. Jamais ils n'ont rêvé de courir le monde, et une visite à la grande ville voisine était plutôt rare. C'est chez eux, à la maison, qu'ils se sentaient en sécurité, en *territoire connu*. Ils se méfiaient de tout ce qui était neuf, comme c'est encore souvent le cas aujourd'hui.
La vie "au loin" leur était étrangère.
Le temps n'est pas encore si éloigné où ici, loin de la turbulence des villes, on ne connaissait ni radio, ni télévision et, à plus forte raison, l'ordinateur. On allait chercher l'eau potable au puits et dans certains villages reculés on ne savait pas ce qu'était l'électricité. Profondément croyants, les paysans allaient à la messe le dimanche. C'était l'occasion de se rencontrer, d'échanger les derniers potins et d'aller boire un coup au bistrot d'en face.

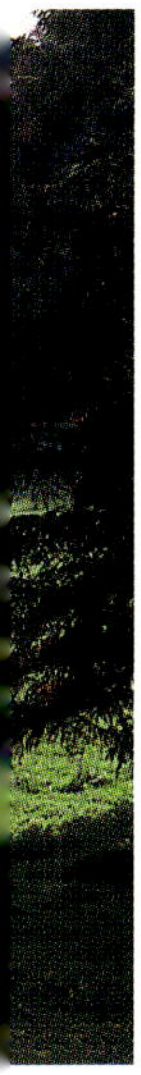

C'était la seule détente de la semaine.

Pendant ce temps, la fermière préparait le repas du dimanche. Sa vie n'était de toute façon guère réjouissante. Outre les travaux du ménage, elle s'occupait également du menu bétail, de la récolte des fruits et des légumes et de leur mise en conserve, de la lessive, de la cuisson du pain, de la couture et des reprises, tout cela au milieu d'une kyrielle d'enfants. Tout ce qui était nécessaire pour le ménage et que l'on ne produisait pas soi-même était fourni par les marchands ambulants: le sel, le matériel de couture, batteries de cuisine et épices, savon et couteaux. Le colporteur amenait tout cela dans la cour.
De même que le cordonnier et le rémouleur. Une lingère s'installait pour des semaines dans la cour, partageait la vie de la famille, réparait la toile et donnait un coup de main à la fermière lorsqu'elle arrangeait un trousseau ou toute autre pièce de lingerie. Elle aussi avait bien des histoires à raconter – un peu de distraction pour la fermière. Pour les vêtements du dimanche, on allait bien entendu chez le tailleur dans le village voisin.
On ne se rendait pas plus de deux fois par an en ville. À la rigueur. Et dans ce cas là, pour la kermesse. L'occasion pour la fermière de prendre rendez-vous chez le coiffeur pour se faire faire une permanente. Cette fois encore, on faisait ripaille. Pendant des jours, la cuisine embaumait des odeurs de pain frais, de pâtisserie, de rôti et de bouillon.
Cette fois-là, on ne regardait pas à l'argent.
Et dans les bals, on recherchait le bon parti dont on rêvait pour son fils ou pour sa fille.
Cela ne marchait pas toujours.
Il n'était pas question de faire des études. C'était trop cher.
La place des fils était à la ferme. Sans le travail de leurs bras, le fermier n'aurait guère pu subsister. Celui qui cédait quand même aux sirènes de l'université devait donner un sérieux coup de main pendant les mois de récolte et de vacances. Impossible d'y échapper.
Et en dépit de tout, il semble bien que le progrès ne se soit pas arrêté devant ce monde apparemment intact, même si la vie agricole obéit à son propre code.
Bientôt les enfants perdirent l'espoir d'un avenir prometteur dans la ferme paternelle. La mécanisation des travaux s'amplifiait. Tracteurs, faucheuses, trayeuses l'emportaient sur le travail à la main, de sorte que certains des fils n'avaient plus rien à faire. Les petites exploitations avaient cessé d'être rentables. Les fermes qui n'avaient que quelques hectares étaient devenues invivables et le fermier devait chercher un salaire d'appoint.

Les enfants allèrent au lycée, suivirent une formation ou fréquentèrent même l'université.
C'est alors que se posa la question: qui va reprendre la ferme, conformément à la coutume?
Bientôt on cessa de trouver du personnel; valets de fermes et servantes avaient disparu depuis longtemps, attirés par le travail en usine et habitaient en ville.
De leur côté, les citadins se sentirent attirés par la campagne, à la recherche d'un monde intact ou imaginaire.

La vie paysanne n'est plus ce qu'elle était. Les villages au sens traditionnel du terme n'existent plus. Un maire à la Pepone et un curé à la Don Camillo appartiennent désormais exclusivement au monde des films en noir et blanc. *Tant* de choses qui avaient traversé les siècles ont été *emportées par le vent*...

À commencer par l'outillage agricole – faux, faucilles, charrues et herses – ensuite le personnel: valets de fermes et servantes et, sur bien des champs, où il y a peu encore, croissait le blé, poussent aujourd'hui grands ensembles et habitations individuelles. Les citadins sont tombés amoureux de ces fermes et granges séculaires, ils les font restaurer à leur goût et y mêlent confort moderne et nostalgie. Ils organisent désormais leur vie sous les vieilles poutres, comme au bon vieux temps. Leurs pensées loin de la ville, ce Moloch insatiable.

Un romantisme idyllique auquel le paysan n'a guère part. Certes, la campagne a conservé sa sérénité, sa simplicité et reste propice à la méditation. Souvent bien protégée et loin des grands-routes, même si certaines constructions sont de véritables profanations, défigurant le paysage, lui volant son visage et son identité.
Là, les temps nouveaux ont frappé sans pitié.

Et l'agriculteur? Souvent sa maison, la petite ou la grande ferme sont devenus des monuments. Après le conservateur arrive la commission des monuments et des sites. Le paysan n'habite plus dans une maison, mais dans un monument. Il est obligé par les conservateurs et les gardiens du patrimoine de l'entretenir soigneusement.
Dieu soit loué...

Ce qui ne signifie pas pour autant que chaque ferme s'est transformée en monument immuable; c'est ce que ce livre va tenter de prouver. Cette excursion à travers ce paysage belge si varié, avec ses nombreuses fermes cachées, loin de l'image stéréotypée que certains s'en font, se veut un hommage à un héritage presque intact, fruit de soins dévoués et d'un profond attachement à la glèbe.
Tout en sachant que le temps ne fait pas de cadeaux.

Anvers

Une métropole souveraine, des prairies, la lande et des bouleaux

On dit que les Romains ont plutôt dédaigné les régions infertiles d'Anvers, de Malines, de Lierre et de Turnhout. En dehors de la légende du légionnaire Silvius Brabo – qui coupa et jeta dans l'Escaut la main du méchant géant Druon Antigon qui faisait payer un octroi abusif aux pauvres mariniers – les Romains n'ont guère laissé de trace à Anvers. La population du fleuve, en souvenir de ce sanglant incident aurait alors appelé la ville "Hand-Werpen", de *la main jetée,* et n'ont pas manqué d'ériger au courageux Brabo une statue sur la grand place de la métropole, mais l'histoire s'arrête là.

Les Romains ne s'étaient pas trompés: le sol de la province d'Anvers n'abrite aucun trésor. Il est maigre, sableux, pauvre... Là, c'est la lande avec ces fleurs de couleur pourpre, jaune vif, mais sur une terre aride.

Les bouleaux balancent leurs silhouettes argentées sur de blanches collines de sable. À paysage silencieux, population taiseuse. Sur les marais de la Campine règnent les courlis, les vanneaux, les bécasseaux et les mouettes rieuses. Où que porte le regard, on n'aperçoit guère qu'un pin, qu'un érable ou un hêtre.

Les fermes y sont minuscules, blotties ça et là dans le vaste paysage et le cultivateur est pauvre, très pauvre.

Par contre, dans le "Petit-Brabant", niché dans le giron d'un ancien méandre de l'Escaut – en amont d'Anvers – la terre est grasse et verte. Les asperges y poussent à l'envi, comme bien d'autres légumes, du reste. Et le fleuve qui est moins large et moins fréquenté qu'après le prochain méandre, est le rendez-vous des canoteurs et autres marins d'eau douce. Des barques plates reposent presque immobiles sur le miroir des eaux. Un bout de paysage comme en rêvent les poètes, les peintres amoureux de la nature. Ici, entre roseaux et digues, on oublie la ville et son vacarme.

Albrecht Dürer lorsqu'il traversa les Pays-Bas et s'attarda sur les bords de l'Escaut dont il fit des dessins, ne se laissa pas séduire uniquement par ce paysage idyllique; il succomba au charme d'Anvers. Lorsqu'il y fit halte, il n'eut que des mots flatteurs pour la "*Hof van Liere*", la demeure fastueuse du chevalier Arnold van Liere: "*... je n'ai jamais vu une demeure aussi belle dans toute l'Allemagne*", déclara-t-il. En récompense, il fût gâté, flatté et régalé... princièrement.

Dürer appela cette ville flamande "Antorf". Comment s'appelle-t-elle en fin de compte: "Antwerpen", "Antwerp" ou "Anvers"?

Les Espagnols l'appellent "Amberes". En souvenir des circonstances historiques, ils devraient avoir le tact de prononcer ce nom à voix basse...

C'est le Traité de Verdun de 843 qui définit pour la première fois les limites de l'Anvers d'aujourd'hui. L'Escaut devint la frontière naturelle de la France et on appela la région ainsi créée *"Francia occidentalis"*. Le destin politique qui serait désormais celui d'Anvers pour les siècles à venir se trouvait ainsi fixé. Du reste, ce sort allait être partagé jusqu'en 1795 avec la province de Brabant, c'est pourquoi on a appelé les Anversois "Brabançons".

Au cours des XIVe et XVe siècles, les ducs de Bourgogne étendirent les territoires du sud de Bruxelles jusqu'à la ville aujourd'hui hollandaise de Bois-le-Duc, *s'Hertogenbosch*. Le pays devint le point névralgique d'un important réseau de routes commerciales. La ville de Malines devint le centre administratif et Anvers, le grand centre économique européen.

L'industrie du drap fleurissait dans la Campine sablonneuse. À Malines on fabriquait des meubles et Lierre fournissait dentelle et broderies en perles. Le port d'Anvers était déjà la plaque tournante du commerce des diamants et un centre important de traitement des métaux précieux. Christophe Plantin acquérait une renommée mondiale dans l'art de l'imprimerie.

La riche bourgeoisie anversoise et brabançonne se préoccupait peu des bouleversements qui se préparaient en Espagne au XVIème siècle. Les Flamands, les *"Brabançons"* n'acceptèrent pas le style de gouvernement du souverain résidant à Madrid. Ils vécurent leur vie propre.

Il faut bien dire que le *plat pays* ne manquait pas de beaux esprits: Erasme, Juste Lipse, Mercator, Ortelius ou André Vésale, autant d'humanistes de rang et de réputation. À cela s'ajouta la Réforme menée par Luther et Calvin. *Les pensées sont libres...*

Les fiers habitants des Pays-Bas du Sud comme des Pays-Bas du Nord refusèrent de se soumettre au souverain espagnol. Quand on en vint aux mains, protestants et catholiques s'unirent contre la tyrannie lointaine. Des têtes tombèrent. En vain.

Alexandre Farnèse – gouverneur général des Pays-Bas depuis 1578 – prit Anvers en 1585. Une grande calamité s'abattait sur le Nord et le Sud. Les chemins des Pays-Bas du Nord et ceux des Pays-Bas du Sud se séparèrent. Les premiers luttèrent pour leur liberté, les seconds se résignèrent.
Les Flamands perdirent non seulement des esprits belliqueux sous le couperet du duc d'Albe, mais aussi des milliers et des milliers de concitoyens qui abandonnèrent leurs foyers. Une rude saignée dans l'histoire flamande. De 1545 à 1645 le chiffre de la population d'Anvers passa de 100.000 à 57.000 habitants. Ce n'étaient pas seulement les pauvres et les gens simples qui partaient mais les savants, les artistes, les humanistes, les plus doués et les utopistes. Tous émigrèrent vers le nord, vers la Hollande.

À la campagne, l'éleveur de pigeons est dans son élément. Et ce ne sont pas les pigeonniers qui manquent.

En outre, la fermeture de l'Escaut, décrétée après la prise d'Anvers par les Espagnols, entraîna la décadence de cette ville opiniâtre et active. La "furie espagnole" détruisit la ville et le pays. Les polders autour d'Anvers dépérirent et bientôt l'activité portuaire s'arrêta. La fière cité sombra dans le provincialisme.

Napoléon redonna un certain rôle à la ville d'Anvers en faisant d'elle: "*un pistolet braqué sur le cœur de l'Angleterre*". Il visita souvent la ville, il y fit construire un chantier naval pour navires de guerre et un bassin – qui porte encore aujourd'hui son nom – le *Bassin Bonaparte.*

La création de la Belgique en 1830 n'apporta pas de solution économique pour le port d'Anvers et l'ensemble de la province. Ce n'est qu'en 1863 que les droits de péage furent supprimés, écartant ainsi définitivement la fermeture de l'Escaut, et que la navigation put reprendre sur ce fleuve flamand tant chanté.

Enfin les choses se mettaient à bouger.

À Merksplas, en Campine, la "Grote Hoeve" ou "s'Gravenhoeve", se niche agréablement dans la verdure des prés. Le toit de chaume recouvert de mousse se penche au-dessus des murs chaulés, presque jusqu'au sol. Une carte postale du passé? Non. Cet ancien affermage dont l'histoire remonte au XIVe siècle et qui a appartenu au comte de Hoogstraten, a conservé jusqu'aujourd'hui son caractère intact. Le corps d'habitation qui date des XVIe et XVIIe siècles ainsi que la grange, la remise et le four à pain ont été magnifiquement restaurés. À cette occasion, les artisans ont découvert – outre le millésime 1671 inscrit sur le mur – dans le sol de la grange, le crâne d'un bœuf qui a certainement dû être sacrifié à l'occasion de la construction du bâtiment. Us et coutumes des temps révolus.

Les paysans ne savaient que trop bien pourquoi le four à pain ne devait pas faire partie du corps d'habitation. Pour écarter les risques d'incendie, on établissait cette construction en brique, constituée de deux pièces, à l'extrémité de la propriété ou à la porte d'entrée de la cour. C'est là que la paysanne, hiver comme été mettait sa pâte au feu de fagots jusqu'à ce que le pain ou le gâteau reprenne le chemin de la maison.

“Les feuilles tombent et tissent les brouillards.
Chaque son et chaque chant s’éteint.
Seul le maigre roseau murmure encore, soumis.

La Kaaibeeksedijk se cache derrière bois et herbages, à l'abri d'allées de hêtres et de chênes, de hauts épicéas en un jeu de feuilles multicolores. Là où personne ne soupçonne plus la présence de la "Kaaibeekhoeve" se cache l'une des plus belles fermes de la région et du petit village franc de Herselt. Le domaine apparaît dans des illustrations de 1270, et au XIVe siècle il y avait même une pièce de monnaie qui portait l'inscription "Dominus de Quaebeeke". Cette ferme le long de la Grande Nèthe appartient depuis le XVe siècle à la famille de Mérode. Mais les guerres détruisirent le pays. Les paysans perdirent leurs récoltes, durent héberger et nourrir des troupes étrangères et leurs cultures furent piétinées. À tous ces malheurs vint s'ajouter la peste. À Herselt comme ailleurs. Et même la "Kaaibeekhoeve" avec sa superbe façade de 1686 ne fut pas épargnée par les événements. Finalement les révolutionnaires français exproprièrent les habitants, mais en secret, une personne de confiance de la famille de Mérode, la racheta en 1799. À présent, gérée par la troisième génération de cultivateurs Vanheyde, cette ferme, désormais monument classé, fait toute la fierté de ses exploitants.

La Aa, un petit ruisseau affluent de la petite Nèthe, clapote paisiblement, arrosant au passage le moulin à eau et une réserve naturelle. Seuls les habitants du coin connaissent le chemin pour y arriver: l'étroite rue pavée du Moulin à eau. Ce moulin apparaît à Tielen déjà dans les annales le 16 février 1526. Le corps d'habitation ne date toutefois que du XVIIe siècle. En 1943, la roue de bois fut remplacée par une roue d'acier.

On a raison de dire que dans ce paysage il y a davantage de place pour les vaches et les porcs que pour les êtres humains. En effet, la population rurale profondément catholique, entre lande, genêts et collines, a toujours su intérioriser modestie et zèle dans sa lutte opiniâtre contre la nature.

La tomate, la "pomme d'amour" des Aztèques, que les moines ont ramenée du Pérou, passait au XVIIe siècle pour détenir des vertus aphrodisiaques et stimuler la libido. Dans les années vingt du siècle précédent, le baron de Vaerst écrivait encore: "la tomate nous est venue sans conteste tout droit du paradis, et il s'agit sûrement du fruit grâce auquel le serpent amena Ève à envoûter Adam".

C'est ici, à l'ombre hospitalière des tilleuls, sur la place triangulaire du petit village campinois de Loenhout, que résident les gérants du château Montens, les gestionnaires de la commune et, aux XVIIe et XVIIIe siècles, les brasseurs.

Hofdreef

Hendrik Conscience, auteur du célèbre roman "Le Lion de Flandre ou la Bataille des Éperons d'or" (1838), l'homme qui a appris à lire au peuple flamand, serait venu, ici à Dessel en 1830 au "Boerentang", et au cours de longues soirées aurait écouté les récits des gens du lieu et des soldats en ribote. Le 18 octobre 1379, les ducs de Brabant accordèrent déjà l'affermage du moulin à dame Hesemans, toutefois, ce n'est qu'en 1406 que l'on retrouve les traces de versements de fermages effectués par un certain Jan van Gompel. La grande ferme, idéalement située au croisement d'importantes voies de communication n'a probablement pas été utilisée uniquement à des fins agricoles mais a servi de logement aux toiliers et aux voyageurs assoiffés.

Le Limbourg

Une terre sans doute endormie sous les genévriers

Une chaîne de dunes blanches séparait dans le temps les lits de la Meuse et de l'Escaut. Lorsqu'il y a plus d'un million d'années la mer se retira du Limbourg, elle ne laissa – nous dit la légende – qu'un merveilleux sable doré. Un domaine idéal pour les lapins et les écureuils.

Certes, on y planta du seigle, du sarrasin et des betteraves, mais la récolte fut maigre. La plus petite province de Belgique fut appelée la "Cendrillon" du royaume et passa – en raison de sa maigre population – pour une région insignifiante.

Au Moyen Âge, cette terre entre Rhin et Meuse faisait partie du comté de Loon. Ce n'est qu'au XIVe siècle qu'elle fut rattachée à la Principauté de Liège, puis, entre 1794 et 1830 elle devint une entité politique administrée successivement par les Français, les Hollandais et finalement les Belges, à partir de 1839.

Logiquement, cette région aurait dû s'appeler "Loon", parce que lors de la fondation des Pays-Bas en 1815, par la réunion des Provinces Unies et des anciens Pays-Bas autrichiens, les provinces héritèrent des noms des anciennes principautés. Mais le roi Guillaume Ier de Hollande – peu aimé des Belges – ne l'entendit pas de cette oreille et, lors de la mise au point de la nouvelle constitution, exigea que cette terre s'appelât désormais "Limbourg".

L'histoire belge de cette petite province a connu une longue phase d'incertitude. Ce n'est qu'en 1839 que tombe une véritable décision politique. Le Limbourg est tardivement intégré à cette Belgique créée autour du tapis vert en 1830. En 1962, après la fixation de la frontière linguistique, les communes des Fourons francophones, dans la province de Liège, sont rattachées, contre la volonté de la majorité des habitants, à la province de Limbourg néerlandophone. Une décision qui fera tomber bien des gouvernements belges.

Une pomme de discorde. Mais, c'est cela la Belgique: que voulez-vous?

Un autre événement important marque l'histoire de cette province. En 1901, André Dumont découvre à sept kilomètres de la petite bourgade de As, *le bassin houiller limbourgeois*. Seize ans plus tard le premier charbon est extrait à Winterslag. Est-ce à dire que le Limbourg qui n'occupe que 7,89% de la superficie de la Belgique va devenir *le bassin houiller de la Flandre*? Non.

Le centre de la province, là où le charbon crée de l'emploi et déclenche l'essor économique, reste – en dépit de quelques puits de mine défiant l'horizon – une vaste langue de terre sablonneuse avec ses collines couvertes de pins, la pourpre des bruyères et l'or des genêts. À l'origine, cette région n'était jamais qu'un bout de terre plein de marécages et d'étangs, de bois de sapins, de peupliers et de prés, ses épicéas toujours verts, ses champs et ses prairies où se reflètent les couleurs pastel des fleurs des sables. C'est ici du reste, dans ces hautes dunes, que les princes-évêques de Liège venaient chasser.

Et ne voilà-t-il pas que quelques enthousiastes décrètent que le Limbourg, *le midi de la Flandre*, possède un sol riche en matières premières! Et pas seulement du charbon et du minerai mais aussi des reliques d'un passé prestigieux.

Au Moyen Âge, la Meuse croisait une importante route romaine commerciale qui reliait l'élégante Bruges à la Cologne rhénane et à Maastricht. Le comté de Loon, rattaché culturellement au bassin mosan, était le centre des minnesingers et des poètes. De même que Liège et Maastricht, Saint-Trond et Tongres étaient des centres importants de l'art roman. À Tongres, la plus vieille ville de Flandres, on dit que Pline y étancha sa soif et qu'Ambiorix et ses Éburons y flanquèrent une raclée aux légions de César en 54 avant Jésus-Christ.

Mais la province du Limbourg est loin de n'être qu'une terre aride et terne; dans la vallée de la Meuse, dans cette large plaine fluviale comme dans la Hesbaye onduleuse où sont dispersés de merveilleux petits châteaux et des fermes, les arbres fruitiers dominent le paysage. Les maisons disparaissent au sein de centaines d'hectares de vergers. Pommes, cerises, poires, prunes et pêches y poussent à foison et au printemps c'est une véritable mer de fleurs aux reflets pastel qui domine la région.

Cette portion de terre a, du reste, toujours joué un rôle historique et économique important. Les premiers cloîtres y ont été édifiés dès le début de la christianisation, au VIIe siècle. Finalement les limbourgeois ont su préserver le passé, mais aussi le présent et l'avenir dans la commanderie de Alden Biesen.

L'ordre des Chevaliers Teutoniques fut créé en 1190, pendant la troisième croisade. Les membres de cet ordre étaient prêtres et chevaliers. Leur tâche consistait à soigner et à approvisionner les croisés allemands et les pèlerins en route vers la Terre Sainte. Il ne tardèrent pas du reste à prendre les armes pour défendre la foi chrétienne. Le "territoire de l'ordre" s'étendait loin à l'est, englobant les Pays Baltes et la Courlande.

Biesen qui se trouvait à l'ouest devint en très peu de temps un centre important. Le grand maître des commanderies du Rhin et de la Meuse, vint s'y installer.

Le Limbourg, une province rurale? Disons plutôt un aimable chapelet de villages et de fermes, d'églises et de châteaux, de demeures seigneuriales et de petites maisons individuelles. On l'appelle également "le pays sans frontières" car les populations de l'autre côté de la Meuse, en Hollande, ont en commun la même histoire, la même langue, la même culture et la même religion. Une province sans grande ville et dont le chef-lieu est Hasselt.

Le Limbourg est aussi ce pays qui un jour aurait été enterré sous les buissons de genévrier. Ce n'est pas pour rien que ses habitants distillent le genièvre. Aujourd'hui, cet alcool est un produit que les Limbourgeois ne se contentent pas de boire mais qu'ils utilisent également en cuisine.

L'or noir, le riche filon de charbon qui sommeillait dans ce sol aride transforma bientôt des patelins comme Beringen, Houthalen, Eisden, Winterslag, Genk, Waterschei ou Zwartberg – des noms dont personne n'avait jamais entendu parler jusque-là – en cités actives dans lesquelles arrivèrent bientôt, les premiers travailleurs immigrés, les Polonais, les Italiens, les Yougoslaves et les Tchèques pour, conjointement à la misérable population locale, se bâtir un meilleur avenir. Pour eux, pour leurs femmes et pour leurs enfants.

Après la crise dans les houillères des années soixante, des entreprises étrangères investirent du capital frais dans cette jeune région si active et mirent sur pied une industrie moderne. Le petit Limbourg en a-t-il perdu pour autant son flegme proverbial?

Certes, le pouls bat plus vite, la vie dans les petites villes est devenue plus excitante et plus exigeante. Mais il vaut mieux y venir voir soi-même.

Et ceux qui sont payés pour le savoir sont persuadés que, de toute façon, c'est la dernière oasis des Flandres...

Au sortir d'Hasselt, la capitale du Limbourg, en direction de Tongres, une superbe ferme apparaît à droite de la route, entre buissons et peupliers. Depuis toujours, les pâturages qui l'entourent avec leurs vaches broutant paisiblement, les champs et les vergers à perte de vue sont appelés le "Printhaegenveld". C'est le berceau de la famille Printhagen depuis le XIIIe siècle. En 1247, Gerardus van Printhagen dépendait de la commanderie de L'Ordre des Chevaliers teutoniques, et Raes van Printhagen, mort en 1522, repose auprès de son épouse Jeanne de Lonchin dans l'église Saint-Pierre de Kortessem tout proche.
Le château et la ferme datent tous deux du XVIIe siècle et sont un exemple du style renaissance mosane de l'époque. L'imposant domaine a quelque chose de militaire, car pour des raisons de sécurité les ouvertures dans les murs extérieurs des écuries étaient limitées à des trous d'aération. Aujourd'hui, les paysans qui vivent là élèvent des vaches et la fermière fait de la crème glacée avec leur lait.

"Ils virent et prirent le pays
Ils apprivoisèrent les chevaux.
Et chaque regard
engloba un nouveau domaine.
Les hommes travaillèrent dur,
les femmes accouchèrent,
pas un seul qui eût abusé
de la vie".

André Demedts

Le sud du Limbourg doit une partie de sa réputation à toute une série de châteaux et d'imposantes fermes carrées. Il doit y en avoir une quinzaine rien que dans les environs de Tongres.
Ici, à Mulken, au milieu d'un paysage intact, se trouvait autrefois un château-fort, enjeu permanent de conflits armés entre le comte de Loon et le prince-évêque de Liège. Aujourd'hui encore la tour angulaire du "Château-Betho" témoigne de cette époque troublée. L'aile sud-est de la demeure seigneuriale ainsi que la ferme furent érigées entre le XVIIe et le début du XVIIIe siècle. Cette ferme en carré, séparée du château par un mur et typique de cette région, est encore exploitée aujourd'hui et l'on n'accède aux étables et à la maison d'habitation qu'en traversant le fossé du château. Le domaine ne rappelle pas seulement la vie paysanne dans sa plénitude, mais une longue et glorieuse histoire. Au XVIIIe siècle, artistes français et italiens fréquentaient les lieux, charme et noblesse étaient à l'honneur. Certains historiens vont jusqu'à prétendre qu'il existe un lien entre l'éminente famille de Betho et le célèbre compositeur Ludwig van Beethoven.

Stevoort, orthographié "Steivert" en 1136, issu du germain "staina" et "furdu", ce qui signifie "lieu de transit", n'est plus aujourd'hui qu'un modeste village du Limbourg, sans prétention. Jusqu'au début du XXe siècle, il est resté insignifiant et pauvre. Les routes étaient mauvaises et les contacts avec les villages voisins plus que rares car le réseau routier ne fut construit qu'au milieu du XIXe siècle. C'était un peu le sort de bien des villages. Chaque famille d'agriculteur s'en accommodait. Le "Kannaertshof", un bâtiment en gothique flamboyant avec des apports Renaissance datant de la première moitié du XVIe siècle, faisait partie d'un château et a certainement connu des jours meilleurs. Il a d'abord été habité par les comtes de Loon. Plus tard la famille Kannaerts s'installa dans le manoir et lui donna son nom.

Le paysage étend son léger vallonnement autour du village limbourgeois de Vechmaal, entre la Wallonie et la Flandre, dans la Hesbaye sèche, à cheval sur la frontière linguistique. Les Romains exploitaient déjà les marnières et les fosses à chaux d'Hinnisdael: les nombreuses fouilles attestent d'une histoire bimillénaire. C'est avec les pierres calcaires de cette région que fut construite la basilique de Tongres. Ici naturalistes et archéologues sont à la fête car les dépôts de calcaire recèlent de nombreux fossiles. Dans certaines galeries de mine, où les chauves-souris viennent hiberner, on cultivait des champignons. De nombreuses fermes valent le détour et l'on s'égare facilement dans les chemins qui délimitent les champs et offrent à chaque détour la surprise d'un panorama nouveau.

Nulle part ailleurs on ne trouverait comme ici un de ces colombiers d'autrefois. La tourelle, édifiée à l'écart du bâtiment principal, avec sa maçonnerie haute en couleur, offre suffisamment de place aux pigeons pour nicher.

Quand les pommiers et les cognassiers portent leurs fruits verts, jaunes ou rouges, tirant de tout leur poids sur les branches dans les derniers jours du plein été, c'est que le temps de la récolte est venu dans le Limbourg, le verger de la Belgique. Qui n'a jamais respiré cette odeur de pommes en train de se ratatiner, étalées sur du papier brun, dans le grenier d'une ferme? Dans le temps. Quand grand-mère faisait encore des confitures...

La ferme carrée du XVIIIe siècle, tout près du château au cœur du village est encore en exploitation. Dans le temps, le château, le parc et la ferme étaient entourés d'une muraille et formaient ainsi un ensemble. Toutefois, entre-temps, le mur fut en partie démoli.

Gors-Opleeuw, un village typique de cette région à la limite entre la Hesbaye sèche et la Hesbaye humide, est très consciente de son histoire millénaire. Ce bel endroit trône sur une éminence mais pour y parvenir, il faut sans cesse longer des ruisseaux et des herbages, ou descendre au fond d'une vallée et remonter le long d'une colline. Et la blanche splendeur des arbres fruitiers ajoute un charme de plus aux fermes blanches.
Voici la Hesbaye vallonnée, parsemée de superbes fermes carrées, bucolique quand au mois de mai fleurissent les arbres fruitiers. Lorsqu'on regarde Groot-Loon, on comprend pourquoi il fut un jour un centre des minnesingers et des poètes.

Il faut remonter loin dans le temps. En 1174, la comtesse Agnès de Loon, veuve de Louis Ier, offrit les bénéfices de son domaine de Heks à l'hôpital Graethemer de Borgloon. En même temps tous les droits de ce domaine échurent à l'abbé cistercien Ulricus de Villers. L'abbaye construisit une ferme sur cet emplacement. Au XVIe siècle, la "Monnikenhof" ou "Munckhof" entra en possession du chapitre de la cathédrale de Liège. Au milieu du XVIIe siècle, des troupes lorraines voulurent s'emparer du bâtiment mais une quarantaine de paysans s'y opposèrent, dix d'entre eux y perdirent la vie. La série des pillages, des assassinats, des occupations et des destructions se poursuivit pendant tout le siècle. De nouveaux propriétaires emménagèrent après la révolution française. La ferme est toujours là, solitaire sur une butte au milieu des champs et des prés, en étroite harmonie avec le pays et les habitants, maintenant ainsi la tradition de ces travailleurs de la terre opiniâtres.

La minuscule enclave des Fourons, à la frontière sud du Limbourg, ne représente même pas cinquante kilomètres carrés de superficie. Quelque 4300 habitants répartis dans six villages où l'on peut admirer le long des Fourons de nombreuses fermes datant du XVIIe siècle. On y rencontre parfois le blaireau et le raton laveur. La buse, le faucon des tours, l'épervier, la chouette pullulent toujours dans la région. Le plus petit des villages, Fourons-Saint-Pierre, qui compte à peine trois cents habitants, est connu pour sa "Commanderie" qui jusqu'à la Révolution Française appartenait à l'Ordre des Chevaliers Teutoniques. Dans la ferme toute proche du château renaissance mosan, on élève des truites et tous les ans, la fermière prépare de délicieux sirops grâce aux riches récoltes fruitières.

Liège

Des paysages solitaires, avec un air de Méditerranée

Celui qui, plein de préjugés, s'imagine que la province de Liège est un pur paysage industriel, eh bien! qu'il se mette immédiatement au volant et aille se convaincre du contraire!

Bien sûr, les charbonnages sont étroitement liés à l'histoire, à l'essor et à l'essence des êtres de cette région. En 1198 déjà, un forgeron appelé Hullos, aurait, selon la légende, découvert ce combustible fossile, que l'on appela plus tard charbon et qui pendant huit siècles aura été si déterminant pour la richesse, la réputation des industries, la fierté et l'acharnement de la population active. Et c'est vrai que de nombreux complexes industriels se trouvent près de la Meuse, du Geer, de la Mehaigne, de la Salm et de la Vesdre. Mais celui qui s'aventure à l'intérieur des terres, quitte bientôt la fébrilité et la poussière, les rues tristes et les usines qui ont survécu au siècle dernier et sont toujours là, impitoyablement présentes au centre des villages ou des villes.

Lorsqu'on arrive de Bruxelles en direction de Liège, on aperçoit à l'horizon la transition entre la petite et la moyenne montagne. Le plateau de Liège rejoint les pentes de l'Eifel et forme la frontière orientale de la Belgique. Les Pays-Bas confinent également à cette province chargée d'histoire et il n'y a donc rien d'étonnant à ce qu'entre Meuse et Vesdre, Ourthe et Amblève l'on parle les trois langues nationales: le français sur l'ensemble du territoire, un peu de flamand dans le nord et l'allemand dans les Cantons de l'Est, la Communauté Germanophone avec Malmedy dont la Belgique a hérité en 1919 aux termes du Traité de Versailles et qui compte 70.000 habitants et constitue la troisième communauté de population de la Belgique.

Les citoyens d'Eupen et de St. Vith sont sans doute fiers d'être belges mais ils tiennent fermement à leur propre administration, à leur propre système scolaire, à leur propre station de radio ainsi qu'à leur journal germanophone, le "Grenz-Echo".

Au nord-est s'étire un haut-plateau avec tourbières et marécages, bruyères et mûres; des bois et le vaste ciel. On peut faire de superbes promenades dans les Hautes-Fagnes.

C'est la seule région subalpine de Belgique avec sa propre faune et sa flore. Les touristes aguerris peuvent y escalader les sommets les plus élevés de Belgique, la Baraque Michel (675 mètres) et le Signal de Botrange (694 mètres). Le vent qui y souffle est impitoyable et tranchant, mais partout, il y a moyen de faire demi-tour sans problème.

À partir d'Eupen, l'ami de la nature peut traverser l'*Hertogenwald* ou en français *la forêt du duc* et celui qui ne veut pas trop se fatiguer peut aller sans fin de village en village. On les trouve avec leurs fermes dispersés dans le paysage, loin de tout vacarme. Sur les plateaux rudes et solitaires, plus d'un promeneur s'est déjà égaré dans le brouillard et les rafales de neige.
La légende populaire veut qu'en 1871 deux jeunes gens trouvèrent la mort dans une tempête de neige. Les amoureux étaient en route pour Xhoffraix pour y chercher les documents nécessaires pour leur mariage. Près d'Hockai, la gare la plus haute des Fagnes, une croix a été dressée à la mémoire des deux jeunes gens: La Croix des Fiancés.

Oui, ce pays peut être parfois impitoyable. Témoin hiératique de destinées et de drames. À quelques jets de pierre de la ville tapageuse et pratiquement inconnu.

De la capitale, Liège, on dit que non seulement elle est la ville francophone la plus septentrionale, mais qu'elle aussi le centre spirituel de la Wallonie et une métropole et à la croisée de trois pays: la Belgique, les Pays-Bas et l'Allemagne. Un journal allemand écrivit un jour: "point n'est besoin de voyager loin pour jouir un peu de l'art de vivre méditerranéen; après une ou deux heures d'autoroute, l'habitant du Rhin ou de la Ruhr, trente minutes après Aix-la-Chapelle, se trouve plongé dans un monde qui n'a plus aucune similitude avec la vie à Düsseldorf, Cologne, Bonn ou Dortmund. Liège est plus proche de Paris, Marseille ou Montpellier que de Cologne, Hambourg ou Francfort". Les habitants de Liège appellent leur ville la "Cité ardente".
C'est tout dire.

Le Pays de Herve est amical et riant. Des haies quadrillent ce long paysage de collines parsemées de saules et les habitants prétendent qu'il n'est vraiment beau que sous une petite pluie fine. Au XVIe siècle déjà, la réputation des eaux de Spa attirait dans cette séduisante petite ville tout ce qui avait un nom en art et en littérature. Alexandre Farnèse, gouverneur des Pays-Bas de 1545 – 1592, dut suivre les recommandations de son roi, Philippe II d'Espagne, qui l'incita à prendre les eaux à Spa. Comme les personnalités les plus en vue et les élégantes accompagnatrices se succédaient à un rythme effréné à Spa, les habitants de la ville publièrent en 1751 un journal intitulé: "*Liste des personnes de qualité* ". Malheureusement, de nos jours, Spa est comme frappé du sommeil de la Belle au bois dormant. On ne peut que deviner aujourd'hui ce que fut l'atmosphère de la *Belle Époque* et la vie frivole et voluptueuse à la fin du XIXe et au début du XXe siècle quand *le beau monde* se donnait rendez-vous dans cette petite ville thermale. Même Pierre le grand, la reine Christine de Suède et madame Récamier ont été de ces hôtes qui trempaient leurs lèvres dans ces eaux rédemptrices et tentaient leur chance au casino.

"Faites vos jeux! Rien ne va plus!"

Et l'histoire? On dit que Charlemagne est né à Jupille et que c'est de la petite ville de Huy que Pierre l'Ermite appela en 1095 à la Première Croisade.

Pendant huit siècles, la principauté épiscopale de Liège, régie par un prince-évêque, fut indépendante. Au Xe siècle, l'arrivée de l'évêque Notger – originaire du monastère de Saint-Gall dans le duché de Souabe – et qui allait régner 36 ans, consacre la fusion entre le pouvoir spirituel et le pouvoir temporel. Sous la houlette de cet homme d'exception commence l'existence de cette principauté qui va s'étaler sur huit siècles.

On dit des habitants de ce pays qu'ils sont courageux et persévérants. Jamais ils n'ont abandonné volontairement leur indépendance et leur spécificité. Seule la révolution française mit fin à l'histoire de la principauté épiscopale de Liège. Elle conserva une partie de son territoire, l'actuelle province de Liège, l'une des dix qui forment la Belgique.

Les amoureux de cette province belge qui confine à l'Allemagne et aux Pays-Bas, connaissent les visages multiples et contradictoires de ses villes et de ses paysages, les forêts mélancoliques et solitaires, le pays plat et les vallées profondes, la Meuse large et les rivières sauvages.

Non, ils n'ont pas de préjugés. Au contraire.

Celui qui s'égare dans la région entre la vallée de la Meuse et les collines de Ombret, Ampsin ou Amay fait un voyage dans le temps. Dans ce pays autrefois complètement isolé, traversé de fossés et dont l'histoire remonte à un millénaire, on rencontre des carrières, d'anciens complexes industriels et des hauts fourneaux. Les vestiges du passé sont aussi nombreux: la tour romaine d'Amay, le château de Jehay, l'abbaye de Flone, les nombreux vieux moulins et, non des moindres, l'imposant cloître "Paix-Dieu" avec sa cour gigantesque, une abbaye impressionnante dont l'activité agricole permet aux nonnes cisterciennes de vivre en parfaite autarcie, selon les règles de leur ordre. Les religieuses qui s'installèrent là au Moyen Âge s'étaient vouées à la mystique féministe. À la fin du XIIIe siècle les cultivateurs des environs de cette florissante activité claustrale héritèrent de quelques lopins de terre et petit à petit ce lieu de piété prit les proportions d'un domaine seigneurial. Malheureusement, la bénédiction divine ne protégea pas longtemps cette propriété féodale. Les incendies, les troubles politiques, les idées révolutionnaires, les ventes, les reconstructions du bâtiment et même son utilisation comme distillerie n'ont pas laissé grand chose de ce trésor architectural.

Les habitants de Couthuin sont riches à leur manière. On a découvert dans les carrières "Vieux Chafour" et "Château du Temple" de nombreux coquillages et larves préhistoriques. Et ce n'est pas tout. Les fermes historiques au cœur des villages sont parmi les plus anciennes de la Hesbaye wallonne. Elles datent des XVIe et XVIIe siècles. Couthuin est un véritable musée en plein air et, qui plus est, habité. Il semble perdu, pourtant, au milieu du paysage. Guère âme qui vive, alors qu'on y compte trois fermes, trois châteaux et une chapelle avec cimetière à quelques pas l'un de l'autre. La ferme de l'ancien cloître des templiers, construit en grès calcaire de la région confine à une tour moyenâgeuse. Rien ne vient y troubler l'atmosphère paisible.

En arrivant de Tongres, on roule d'abord à travers une contrée en pente ascendante et désertique. Des petits villages comme Herstappe ou Otrange, exactement sur la frontière linguistique, se cachent derrière des collines. Seuls des champs de blé se balancent à l'horizon. Ensuite en continuant vers l'ouest, on tourne vers Thys. La route est tout en virages et bordée d'arbres impressionnants. Et puis soudain, alors que l'on s'y attend le moins, trônant fièrement au-dessus de tout le village, la voilà la magnifique église gothique Saint-Pierre et la ferme attenante, un ancien manoir. La maison d'habitation du XVIe siècle et les bâtiments d'exploitation adjacents sont rangés autour d'une cour intérieure. Tout comme leurs prédécesseurs, les propriétaires actuels pratiquent l'agriculture.

Rosée

Ce fut une grande nuit
une seule et unique
où la lune était seule
appuyée à notre épaule
courbée sur les jeunes pousses
de notre champ.

Werner Vertraeten

On dit que les poires à cuire viennent du pays de Herve, de là où prés et champs s'étendent jusqu'aux bords des villages et où les fermes sont dissimulées derrières des haies, des rangées d'arbres ou des collines. La poire la plus prisée de cette région s'appelle "Saint-Rémy". On la faisait cuire dans le four à pain, chez le boulanger, pour le compte des marchands ambulants qui parcouraient la région. Au XVIIe siècle déjà, les paysans du coin remplissaient leurs grandes marmites en cuivre de poires mûres pour en faire un sirop savoureux. Une manière d'améliorer un peu les bénéfices de l'agriculture. Jusqu'à ce qu'à la fin du XIXe siècle, Clément Meurens décide de quitter la ferme paternelle pour se consacrer exclusivement à la fabrication du sirop de poire. Il ne ménagea pas sa peine mais ce fut son fils, Clément II, qui fit aboutir le projet en lançant sur le marché, après de multiples expériences, le fameux "Sirop de Poires du Pays de Liège", aujourd'hui encore, un délice incomparable sur les tartines.

Au bord des Hautes-Fagnes, l'une des dernières tourbières d'Europe, là où les contrebandiers se faisaient prendre par les douaniers avec leur eau-de-vie et leur café, vivent aujourd'hui différents groupes linguistiques en parfaite harmonie. Ce n'est qu'après la Première Guerre Mondiale que les Cantons de l'Est furent attribués par le Traité de Versailles à la Belgique, en guise de réparation pour les dommages de guerre causés par l'Allemagne vaincue. Aujourd'hui ce coin germanophone de Belgique fait partie de l'Euregio Meuse-Rhin. Dans la commune de Raeren dans la verte vallée de la Geule à un jet de pierre d'Aix-la-Chapelle, de Liège ou de Maastricht, le nombre d'habitants belges et allemands se tient l'équilibre, car sur 10.000 habitants, près de la moitié d'entre eux détiennent un passeport allemand. On ignore de quand date la fondation des paisibles villages de cette région, mais leur histoire remonte jusqu'aux derniers essartages carolingiens, entre 800 et 1200 après Jésus-Christ. De nombreux vestiges en témoignent. Bien des suzerains eurent leur mot à dire. Des bâtiments imposants témoignent de leurs richesses et de leurs pouvoirs. Comme par exemple le "Burg Amstenrath" à Eynatten, entouré d'un large fossé et merveilleusement dissimulé derrière la ferme attenante. Seul un pont étroit permet d'accéder à la cour intérieure. Ce domaine, à l'abri des regards indiscrets, fut érigé au XVe siècle par la famille d'Eynatten et transformé au XVIIIe siècle en un élégant manoir, ce qu'il est encore aujourd'hui. Seule la ferme attenante maintient contre vents et marées la tradition paysanne.

Le Luxembourg belge,

le petit dernier

"Je ne m'en suis pas moins reposé, une fois arrivé dans les Ardennes ou j'arrivai le 30 novembre pour y rester jusqu'au 9 décembre, donc 8 jours dont 3 dans un brouillard intense. Ce qui ne m'a pas empêché de chasser. La Belgique a des sujets de satisfaction comme peu de pays en ont..." Voilà ce qu'écrivait Léopold 1er le 20 décembre 1843. "En raison d'un accident précoce, j'ai une forte propension à la solitude et j'aime beaucoup les Ardennes", ajouta-t-il plus tard. "J'ai passé également quelques jours à Saint-Hubert. Dans ce monde artificiel qui m'entoure, cela reste humain. J'aime ses grandes forêts, même si elles n'échappent pas à l'esprit du temps".

Léopold 1er de Saxe-Cobourg élu roi des Belges après la fondation artificielle de la Belgique en 1830, débarqua le 17 juin 1831 à La Panne sur la côte flamande, mais il ne tarda pas à partir à la découverte de son nouveau royaume. Il parcourut en tous sens ce territoire étroit, mais varié.

Le Luxembourg belge, qu'il ne faut pas confondre avec le Grand-Duché du même nom, constitue la pointe extrême-orientale du pays. La *province de Luxembourg*, la plus grande des dix provinces belges, qui longe la frontière du Grand-Duché voisin sur 80 kilomètres, n'a rejoint le Royaume de Belgique qu'en 1839, soit 9 ans après la Révolution Belge, après que la Conférence de Londres ait partagé l'ancien territoire du Luxembourg.

Indépendant et neutre depuis 1867 (grâce au Traité de Londres), le Grand-Duché de Luxembourg se vit attribuer l'important domaine industriel tandis que la province de Luxembourg obtint des champs, des prés et un merveilleux paysage.

Une immense forêt s'étend de la plaine de la Champagne au massif de l'Eifel, allant de l'Ourthe à la Meuse, formant ainsi un des rares paysages encore intacts en Europe occidentale. Cette région rebuta les envahisseurs et même les Barbares la contournèrent.

Les hivers y sont rudes et sévères, deux fois plus longs et plus impitoyables qu'à Bruxelles ou ailleurs en Belgique. Une nature inhospitalière et guère engageante.

Les Celtes y vécurent sur ses collines, là où la Semois, cours d'eau impétueux, prend sa source. Cervidés et sangliers se partagent la forêt profonde et on y raconte inlassablement des histoires d'elfes, de gnomes, de magiciens, de loups-garous et de sorcières. Mais au printemps, les genêts et la bruyère en fleurs sur les pentes et dans les vallées, font bien vite oublier l'hiver. Alors le pays rayonne, épanoui, merveilleusement intact.

Falaises et ravins portent des noms funestes: "la roche des pendus", "le saut des sorcières" ou le "chemin des morts", et la "forêt des damnés " n'est pas loin.

Tous les ans, en guise de consolation, a lieu dans cette région la bénédiction de la forêt. Ici, tout le monde retient son souffle. Le paysage est capricieux, sauvage, impétueux. La nature est sans pitié. Le haut pays est majestueux et solitaire, mais il offre le repos à celui qui est à la recherche de lui-même et de la paix intérieure.

Les routes traversent des petits villages, qui selon toute apparence, n'ont jamais dépensé le moindre cent pour leur embellissement. Des murs de moellons avec des arches assez grand pour laisser passer les chars portant les récoltes donnent un air de forteresse à ces fermes aux toits d'ardoise.

On parlait déjà d'Arlon du temps de Jules César. Ici, la Belgique entretient son passé latin. Les marchands rhénans et italiens qui approvisionnaient les légions romaines en vin, en huile et en céréales, y tenaient marché. Ce qui valut à cette ville, à l'extrême pointe de la Belgique, le surnom de "la Romaine".

Victor Hugo et Chateaubriand on habité dans la grand rue d'Arlon, et l'on dit même que Goethe y a séjourné.

Bouillon, de son côté, sur la frontière entre la Belgique et la France, était autrefois le chef-lieu d'un petit comté fondé au VIIIe siècle. Ses souverains étaient des descendants de Charlemagne. Le plus célèbre d'entre eux, Godefroid, participa à la première croisade en Terre Sainte, la seule qui réussit. Il fut le premier roi de Jérusalem. Aujourd'hui, le château de Godefroid de Bouillon est considéré comme la construction moyenâgeuse la mieux conservée d'Europe.

C'est dans la sombre et mystérieuse forêt de Freyr, une des plus grandes de Belgique avec ses 6500 hectares, que Saint Hubert, premier évêque de Liège et patron des chasseurs, aurait rencontré un cerf portant entre ses bois une croix resplendissante. Aujourd'hui, la ville de Saint-Hubert, dans laquelle reposent les reliques du saint depuis le IXe siècle, possède les plus belles églises et cloîtres de la province de Luxembourg. C'est dans une modeste maisonnette, à l'ombre de la basilique Saint-Hubert, qu'est né en 1759 Pierre Joseph Redouté, celui qu'on a appelé "Raphaël des roses". Au XIXe siècle, Redouté jouit de la faveur de l'impératrice Joséphine et passa le plus clair de sa vie loin des remous politiques dans les jardins et les serres de la Malmaison, la demeure de Joséphine de Beauharnais, après avoir divorcé de Napoléon.

L'abbaye d'Orval à l'extrême sud de la province, près de la frontière française, est également une oasis de paix et un lieu de méditation. Le cloître fut fondé en 1076 et détruit au XIIIe siècle, mais il ne tarda pas à être reconstruit. Il fut pillé et réduit en cendres pendant la Révolution Française. Les ruines de cette abbaye cistercienne ont été conservées. La nouvelle abbaye fut construite en 1926 à l'emplacement même des bâtiments du XVIIIe siècle. Au cours des siècles, cet endroit attira les promeneurs fatigués, les voyageurs et les pèlerins. Au sein des ruines en dentelle du vieux cloître règne encore l'émouvant silence de la contemplation. Ce n'est pas un endroit pour le touriste, mais une rencontre avec le calme, avec soi-même, avec le chant grégorien. Avec le mystère de l'extase.

Les moines ont semé des plantes médicinales dans les jardins du cloître, en outre les bons pères brassent une délicieuse bière à laquelle ils ont donné le nom de leur abbaye, l'*Orval*.

Dans la province de Luxembourg, on respire l'espace et la solitude, l'immensité d'une nature capricieuse, intacte. Le matin, la brume s'envole de la Semois ou de l'Ourthe et se faufile entre les collines, les falaises et les forêts. Les vieux prétendent que ces brumes matinales se transforment en nains et en fées pour envahir le pays.

Pour un peu on les croirait...

La famille Louis est installée depuis 1940 à Séviscourt, que l'on a pourtant bien du mal à découvrir sur la carte. Leur ferme – millésime 1754 – il l'ont affermée auprès du baron Uccle de Virlande qui habite dans le voisinage. Vingt-cinq hectares sont consacrés aux céréales. Un beau jour les étables merveilleusement conservées se sont avérées trop petites pour l'élevage du bétail. Il a fallu en construire des nouvelles. Cette florissante activité agricole se maintient depuis trois générations.

"Je suis un Ardennais ***pur sang****", déclare de tout son cœur Louis, cultivateur à Séviscourt. "Ma mère était née à Hassdonk, elle était flamande donc", ajoute-t-il. Oui, c'est cela aussi la Belgique.*

"Plus de deux cent têtes de bétail", et du meilleur, appartiennent à la ferme à gros rendement. Le "blanc-bleu", orgueil de l'éleveur belge et le bœuf charolais. Ici on croise même les deux races. "Cela donne la plus savoureuse des viandes", affirme Alex Louis.

Le terrain à l'entrée de Ny est étonnement plat. On en voit que mieux le château-ferme. Dans les premiers jours de l'hiver, cet imposant domaine construit en grès calcaire, passé au gris avec le temps, dégage une impression inhospitalière. Comme si ce bâtiment du XVIIe siècle était encore toujours entouré de douves et accessible seulement par un pont-levis. Qu'on ne s'y trompe pas pourtant; en été la ferme s'ouvre et les jeunes agriculteurs qui se consacrent à l'élevage de poneys islandais et fabriquent du fromage, accueillent également des hôtes. Malheureusement dans la magnifique cour intérieure, on rencontre un peu trop de publicité...

L'Ourthe est omniprésente. La petite rivière qui serpente insolemment marque de son empreinte le paysage et les localités qui la bordent. Même Hotton, petite ville perdue entre Marche-en-Famenne et La Roche, est traversée par l'Ourthe, et de nombreux ruisseaux, points d'eau, fontaines, pompes et sources nous racontent plein d'histoires. Le moulin Faber, monument classé, a été construit il y a près de trois cents ans. Aujourd'hui encore les roues du moulin sont entraînées par un affluent de l'Ourthe et on continue d'y moudre le blé.

Quand vient l'hiver, les Ardennes sombrent dans un profond sommeil. les tempêtes de neige balayent sommets et vallées et le vent siffle d'une manière assourdissante. Personne en chemin, quelques rares fenêtres allumées. On vit replié sur soi. La vie est comme figée par le froid. Sur une éminence, devant le village, la silhouette penchée d'une croix de pierre bleue, émerge de la tourmente puis disparaît dans le brouillard qui tombe du ciel. Mélancolie d'un cimetière solitaire. Culte des morts pétrifié. Mystique ardennaise. Beauté morbide.

Stoïquement, les percherons paissent dans la buée bleuâtre des jours enneigés. Le "cheval ardennais" résistant à l'hiver est aussi appelé "belge". Charles-Quint aurait parcouru les Ardennes sauvages sur le dos d'un de ces animaux solides et carrés.

Au cœur du petit village d'Izier, qui fait partie de la petite ville ardennaise de Durbuy, se trouve rue de l'Argoté la "Ferme de la Tour", monument classé depuis 1974. Avec sa tour du XIIIe siècle, haute de dix mètres, on dirait une forteresse. La ferme contiguë était déjà inscrite dans les annales de 1580 sous le nom de "noeuff maison de pierre". Difficile d'imaginer que depuis des siècles de paisibles agriculteurs choient un bétail tout aussi paisible et soignent les champs environnants. Il y a bien dû y avoir d'autres conditions de vie?

Lever du jour sur le paysage aux alentours de Sprimont: un coin perdu de Belgique avec la vieille "Ferme de Melin" au milieu de la solitude.

Avez-vous déjà entendu parler de Sprimont, Villers-La-Bonne-Eau et la Route des Forêts? Depuis le mariage du prince héritier Philippe de Belgique avec Mathilde d'Udekem d'Acoz, les touristes s'aventurent de plus en plus souvent dans cette région ou dominent la quiétude et la solitude, où l'aube est plus belle qu'ailleurs et les villages intacts. En cherchant bien, on découvrira sur une route solitaire le château de Losange, la maison paternelle de la belle princesse. Mais il vaut mieux aller à contre-courant et regarder le ciel. Rien, mais là rien, ne vient troubler le calme du paysage de la Sûre.

Ici, au cœur des Ardennes, à un jet de pierre de La Roche-en-Ardenne, lorsqu'on prend la route qui mène à Bastogne, s'étale toute la splendeur d'une merveilleuse région. En bas, pendant les grandes vacances, la petite ville sur l'Ourthe grouille de touristes de toutes sortes. Il faut peut-être éviter cette saison et venir à La Roche lorsque la neige se répand sur le paysage comme du sucre en poudre et que seules quelques autos empruntent la route en méandres, entre les épicéas jusqu'au haut-plateau verglacé. En hiver, on peut non seulement palper le silence, mais aussi l'entendre. Sans fin des panoramas nouveaux s'offrent aux regards. C'est un jeu sans cesse recommencé entre le brouillard, la lumière, l'atmosphère hivernale et la solitude.

C'est à ce moment-là que c'est le plus beau ici. Comme à Ortho, par exemple, un village isolé à huit kilomètres à peine de La Roche, où presque toutes les maisons datent du XVIIIe et du XIXe siècle et où les fermes impassibles sur les collines veillent sur le paysage.

Sans Ardennes pas de jambon et sans jambon pas d'Ardennes! On prétend qu'ici on élève les porcs selon une tradition séculaire, immuable. Cela vaut également pour la saumure et le séchage de la viande de porc. Le jambon fumé serait une invention gauloise et ce sont bien les "Belges" qui les premiers se sont spécialisés dans l'art du salage tout comme celui du fumage authentique. Pendant le siège de Montauban par Charlemagne, les mercenaires ardennais auraient eu pitié des assiégés affamés et auraient lancé des jambons en guise de projectiles par delà les murailles.
Quoi qu'il en soit de ces légendes, la fabrication du jambon est restée un privilège des Ardennais. Et lorsque Guillaume Ier, lors de la domination hollandaise de 1815 à 1830, voulut instaurer un impôt sur l'abattage, qui aurait lésé dans les mêmes proportions, les habitants, les éleveurs et les charcutiers, le roi se rendit encore plus impopulaire, en particulier auprès des Ardennais. Aujourd'hui, le célèbre jambon est fabriqué également dans d'autres régions de Belgique; bien entendu, selon la recette ancestrale.

Pendant les représentations des tragédies, les Grecs de l'antiquité vendaient au public du pâté fraîchement préparé et la vente devait être particulièrement florissante lors des spectacles ennuyeux. Au XVIIe siècle, on croyait encore que le pâté était un plat simple pour des gens simples. À Strasbourg, La Mecque du pâté de foie d'oie, on vendait du pâté à tous les coins de rue. Le pâté de paon constituait par contre une exception. On l'apportait en grande pompe à table dans des récipients d'argent ou d'or, tout à fait dans la tradition du Moyen Âge. L'hôte d'honneur avait le droit d'ôter les plumes qui décoraient le plat mais en revanche, il devait porter un toast. Quoi qu'il en soit: le pâté de campagne est imbattable.
Entre-temps on en trouve de multiples variations: aux champignons, au poivre vert, aux fines herbes, aux truffes, aux poivrons et aux oignons ou au naturel, à l'ardennaise. Le pâté se conserve longtemps, pour autant qu'il soit entreposé au frais sans être entamé car la croûte l'empêche de se gâter et de perdre son bouquet.

“Mon pays est de quelque part, c’est à dire de nulle part. Je vais te raconter l’histoire d’un pays perdu. Nul ne sait où il commence, où il finit. On le dit ici et il est ailleurs. On le décrit, on l’écrit, on le souscrit. Trop, beaucoup trop. Mon pays n’existe plus que dans la mémoire des vieux et dans le rêve de quelques poètes”.

Guy Denis

Namur

Entre Sambre et Meuse vibrent le calme et la grâce

La province de Namur a eu de la chance. L'industrialisation n'a fait que l'effleurer. Ce charmant paysage s'étire la plupart du temps le long de la Meuse et a été particulièrement gâté par la nature. Ses panoramas sont changeants, colorés, gracieux et ses pentes interminables ou ses vallées solitaires sont tapissées de fleurs.

Cette province est le cœur de la Belgique et celle qui présente le plus d'attraits touristiques de ce petit royaume, c'est bien la preuve que ce pays mal connu entre la Mer du Nord et les Ardennes, outre ses monuments historiques, dispose également d'une grande variété de paysages.

Enchâssée au centre de quatre provinces belges, cette région plutôt sobre déploie ses prairies, ses champs, ses forêts, ses vallées et ses collines tout au long d'une terre dont l'âme est la Meuse. Pour ses habitants le cours tranquille de ce fleuve est non seulement emblématique et idyllique, c'est aussi la porte sur le monde: vers la France, mais aussi, historiquement, vers la puissante Principauté épiscopale de Liège. Ce large fleuve marque le paysage de son empreinte. On le rencontre à chaque pas.

Et pourtant la nature ne se montre pas toujours sous son côté gracieux et charmant. Le long de la Meuse et des rives de ses nombreux affluents, se dressent parfois d'étranges formations rocheuses. C'est dans ce paysage capricieux que le roi Albert Ier, époux d'Elisabeth de Bavière, s'est tué.

Le "roi-chevalier" comme on l'a appelé en souvenir de son attitude auprès des alliés au cours de la Première Guerre Mondiale, avait 59 ans lorsque le 17 février 1934, à Marche-les-Dames, il tomba d'une roche haute de soixante mètres. Un accident dont les causes n'ont jamais vraiment été éclaircies. Cette petite localité maudite, au sein de cette nature saisissante, ne révélera jamais le secret de la mort du roi. Une chapelle commémorative a été érigée à l'endroit où l'on a découvert le corps du souverain. Albert Ier, qui n'aurait pas dû devenir roi, régna à la place de son frère aîné mort en bas âge, et allait devenir le roi des Belges le plus populaire...

Ce coin de terre est également caractérisé par la présence de grottes aux proportions gigantesques et à la quiétude d'une nef de cathédrale. Elles ont inspiré des légendes à faire dresser les cheveux sur la tête, les fantasmes les plus farfelus, et constituent l'une des attractions touristiques les plus prisées de la province. Tout comme la ville de Dinant, sur les bords de la Meuse et son "Rocher Bayard". On y travaillait le cuivre et le bronze dès le début du

Moyen Âge. Entre le XIIe et le XVe siècle Dinant fut le centre du travail du laiton et du cuivre. On appelle cette opération la "dinanderie", un terme qui a franchi les frontières. À l'époque, sur les 50.000 habitants, 8.000 d'entre eux travaillaient le cuivre. Mais, au XVe siècle, le sort frappa durement les dinandiers.

En août 1466, le soldats de Charles le Téméraire pillèrent et détruisirent Dinant. Les habitants, encerclés, manquèrent bientôt de nourriture, seul leur restaient du miel et de la farine. Dans leur désespoir les citoyens affamés fabriquèrent une pâte en utilisant les moules employés en dinanderie. C'est ainsi que naquit la "Couque de Dinant". Aujourd'hui encore ce gâteau au miel traditionnel – plutôt coriace – continue d'être vendu dans la cité mosane. Souvent, cette pâtisserie jaune d'or est cuite dans des formes de bois, taillées à la main, vieilles de deux ou trois siècles.

Plus on va vers le sud, plus les prairies se multiplient et deviennent plus vertes. C'est là que paissent les bœufs flegmatiques, le capital des éleveurs wallons. Au VIIIe siècle, on évoquait déjà les marchés aux bestiaux, et, avant la Première Guerre Mondiale, le marché aux chevaux de Ciney était le plus réputé de son genre en Europe. Une réputation qu'il n'a pas perdue aujourd'hui.

Ce n'est donc pas par hasard, si en 1276 on se fit la guerre pour une vache. La fameuse "*guerre de la vache*" éclata à cause d'une superbe génisse qui fut volée et dont le voleur, un solide jeune paysan wallon, offrit son butin au marché d'Andenne à la faveur d'un tournoi. La malheureuse vache d'Andenne allait déclencher une guerre de deux ans car il y allait des compétences et des rapports de force juridiques de ces princes et comtes locaux de l'époque. Qui avait le droit de pendre le rusé voleur de vache?

Aujourd'hui on peut parcourir en toute quiétude les 107 kilomètres de la "*Route de la guerre de la vache*". Le promeneur y trouvera ses riches pâturages où paissent ces troupeaux de bovidés paisibles qui se soucient peu de guerre, de princes locaux et de voleurs de bétail.

La province de Namur est, comme on dit, un but classique d'excursion et de voyage. On appelle aussi cette région

"*Entre Sambre et Meuse*" car les deux cours d'eau y jouent un rôle déterminant.

Le Condroz, une région nantie de nombreux hauts-plateaux, n'a que peu de forêts, donc on y trouve de nombreuses fermes, grandes et belles, bâties dans cette pierre grise typique. Elles apparaissent comme des îlots perdus et dominent ce territoire agricole dont les reflets se teintent des couleurs de chaque saison. Elles sont la base même de l'existence du cultivateur pour qui la nature est à la fois une alliée et une ennemie.

Rien d'étonnant donc à ce que, dans cette calme région, les moines se sentent également à leur aise! Namur est le pays des cloîtres et des abbayes. Le Namurois de souche adore la nonchalance; la méditation. La révolution, la passion lui sont étrangers. Ce n'est pas un lutteur acharné. Ceux qui croient savoir de quoi ils parlent, disent de lui qu'il est comme le courant, la Meuse: lent et paisible. Il n'a guère d'ambitions politiques. Désobéissance sociale et conflits, comme dans le Borinage et le bassin houiller liégeois, sont inconnus ici. Les gens s'en tiennent au confort. Et dans les villages qui du haut des collines semblent défier la nature, on croit encore – dit on – aux esprits et aux farfadets.

On aime cette nature idyllique. La nature à l'état pur ou celle que l'on a modelée à son goût. Un bel exemple en sont les "Jardins d'Annevoie". Dans cette propriété princière avec son petit côté Versailles se mêle l'art des jardiniers français, italiens ou anglais. Le visiteur reste béat d'admiration devant ses jeux d'eau cristalline dont les évolutions ne sont dues à aucun moteur. Un charme hérité d'une époque où les dames portaient encore des robes à crinolines.

Est-ce la nature à l'état pur?

La Meuse, la Lesse, la Sambre, la Semois... cette dernière impétueuse, coulant dans le sud profond de la province, cette pointe de Belgique enfoncée dans le sol français. On y plante encore du tabac et le gibier des Ardennes vient parfois jeter un coup d'œil curieux à travers les arbres de la forêt.

C'est entre mai et novembre que le pays de Namur se montre sous son jour le plus beau. Cela n'avait pas échappé à Napoléon qui, le 16 juin 1815, battit Blücher à Ligny, sa dernière victoire avant Waterloo... Mais cela n'a guère excité les Wallons de cette région. Rassurant après tout...

En 1355, le duc Venceslas, en route vers Leuven (Louvain), reçut dans la petite localité de Lonzée un accueil si cordial que, sur-le-champ, il dispensa les habitants de l'impôt. Mais, au cours des siècles, le sort n'épargna guère le paisible village et même le cloître cistercien qui s'y trouve, l'Abbaye d'Argenton, avec son imposante ferme, fut sans cesse victime des hostilités et de la rapacité des mercenaires. Ce ne furent pas seulement les troupes de Charles-Quint qui rendirent la région peu sûre, le redoutable Maarten van Rossum fit également de sérieux ravages. Don Juan d'Autriche, fils adultérin de Charles-Quint, accompagné de mercenaires hollandais, fit de l'Abbaye d'Argenton son quartier général. L'abbesse, Françoise de Vernembourg (1575-1612) et ses religieuses réussirent à sauver les vases sacrés, quelques meubles précieux et un peu d'argenterie. Réfugiées à Namur, les nonnes réussirent à subsister en faisant de la dentelle et de la broderie. Elles durent attendre la fin des guerres de religion pour se mettre à la reconstruction.
Le cloître et sa ferme avaient été fondés au XIIIe siècle à l'initiative de Guillaume d'Harenton et de sa femme Ida, c'est eux qui donnèrent son nom à cette abbaye.
Au XVIIIe siècle, le calme revint et l'abbaye d'Argenton, avec sa ferme, son moulin et son église furent reconstruits dans le superbe style mosan grâce à l'énergie de l'abbesse Josèphe Brabant. Hélas, la Révolution Française réduisit tous ces efforts à néant. En 1797, un spéculateur parisien acheta la propriété. Mais celui-ci a survécu à tout. Au milieu des champs loin des villes et des citadins, l'agriculture y prospère toujours.

Le Samson, une petite rivière malgré son nom, poursuit son cours fantasque à travers le paysage délicieusement vert du Condroz jusqu'à ce qu'il se jette dans la Meuse entre Andenne et Marche-les-Dames. Ce charmant paysage n'est toutefois guère spectaculaire. Les grandes fermes perchées sur leurs tertres surplombent les larges vallées. La vue sur les herbages et les collines rocheuses est à couper le souffle.
Avec ses murs blanchis à la chaux, la "Ferme de Baseille" à Mozet, date du XVIIIe siècle: un vrai bonheur pour le photographe! Pas étonnant dans un lieu aussi pittoresque. Dans le coin du village appelé Goyet, quelques maisons remarquables des XVIIe et XVIIIe siècles, encore intactes, attendent le chasseur d'images. Les grottes où vécurent les hommes du Cro-Magnon constituent une attraction touristique de choix.

Comme sur le tableau peint par Pierre-Paul Rubens entre 1617 et 1619, "L'enfant prodigue" (Musée Royal des Beaux-Arts d'Anvers): l'étable du château-ferme du XVIIe siècle à Haversin, un faubourg de Ciney. Le bâtiment, resté intact, est encore utilisé aujourd'hui.

*On peut lire dans les annales de 1635: "***Un beau chasteau basty tout neu par le dit seigneur de Hoemen, auct grange, estabelries, basse-cour renfermée de murailles, porte-forte, auct un pont-levis entouré d'eau***". Et il est toujours là, ce ravissant domaine au bord du village de Haltinne, avec sa petite église romane au sommet d'une colline. Les douves sont toujours alimentées par le Struviaux, un affluent du Samson. Les bâtiments de la ferme datent pour la plupart du XVIIIe et du XIXe siècle. Les étables sont très longues. Ne pourraient-elles pas servir de décor dans un film historique, un drame paysan? L'idéal pour les cinéastes toujours en quête d'authenticité? Non. Ici pas de place pour des futilités. Ici, il y a plus de deux cents bêtes dans l'étable et tout embaume l'agriculture. Comme hier.*

Le "blanc-bleu belge" a depuis longtemps conquis sa place sur le marché. Cette race bovine résistante s'adapte sans problèmes aux différents sols et aux conditions climatiques et fournit en outre une importante quantité de lait. On le croit rien qu'à voir ces robustes animaux.

Devant la chapelle d'Herversin, le brave bétail regarde tranquillement autour de lui et ne se laisse distraire par personne.

À Namur, on apprécie tout particulièrement le "canard des maraîchers", que l'on sert avec des légumes printaniers cuits avec du sucre candi. Les gens du lieu sont particulièrement fiers de leur "Pâté d'oie à la namuroise". Est-ce pour cette raison que monsieur Petit élève des milliers de canards sur les pelouses de sa ferme-château d'Upigny, à proximité du chef-lieu de province, avec application, patience et sens de la tradition, pour ensuite vendre leurs foies et autres morceaux de choix aux gourmets du monde entier? Et il y en a mille et une variations: "foie gras entier", "bloc de foie gras", "foie gras cru". Et, afin que rien ne se perde, notre éleveur de luxe, prépare également pour ses clients exigeants, du cassoulet avec tranches de canard, magret de canard et pâté de canard.

La gigantesque ferme sur son tertre à proximité du village de Samart, date du XVIe siècle et frappe immédiatement le regard, là au milieu de ce paysage paisible. Même si de nos jours personne ne s'en soucie et que nos contemporains dans leurs courses fébriles sur les autoroutes ne consacrent plus guère de temps à la contemplation... Rares sont ceux qui font le détour et entreprennent une promenade par monts et par vaux. Et qui sait encore que dans le cimetière du village voisin de Roly, au temps des Mérovingiens, on enterrait déjà les morts?

"Dans mon village, il y a des champs, des marais, des bosquets, une forêt, une rivière, des étangs, des chevreuils, des sangliers, des écureuils.
Il y a une route, une église, un pont, des maisons.
Dans les maisons, il y a un couple, un enfant, un chat, un chien, quelques rêves.
Dans les rêves, il y a de tout et de rien et dans tout ce rien, il y a une table, un cendrier, une pipe, du Semois, et beaucoup de livres.
Dans les livres, il y a des champs, des étangs, des bosquets, une forêt, une route, une église, un couple, un pont, des maisons".
Guy Denis

Hainaut

Le pays des cheminées, des châteaux et des champs de blé

Le Hollandais Vincent Van Gogh, avant de se vouer aux teintes lumineuses de l'impressionnisme, fut d'abord pasteur dans la région de Mons et décrivit en couleurs sombres la vie des travailleurs de la mine du "Borinage". L'odeur de la pauvreté et de la laideur collent encore toujours à cet ancien bassin industriel et minier. Mais seuls ceux qui ignorent tout des coins pittoresques secrets de cette province belge, presque oubliée, peuvent encore parler ainsi.

Pour la plupart d'entre eux, en effet, la province du Hainaut c'est "Le pays noir" que l'on assimile un peu trop vite aux hauts fourneaux, aux aciéries, aux ateliers de construction de chemin de fer, aux dépôts d'immondices, aux cheminées d'usine, aux mines et aux carrières de pierre. Mais "le pays noir", ce n'est pas *toute* la province, car ici, adossé à la frontière française, un paysage industriel se transforme en un univers bucolique. Il est bien connu que les contraires s'attirent.

Le Hainaut présente une mosaïque colorée et riante. Le ciel en soit loué, il n'est pas fait uniquement de cheminées fumantes et d'un passé de misère, mais il est aussi une des provinces agricoles les plus fertiles de Belgique. On rencontre partout des vergers. Le vent berce doucement les saules et surtout les champs de blé; le vaste paysage est charmant et paisible. Cette région de Belgique, laissée pour compte par les responsables du tourisme, abrite sur son sol immense et fertile d'imposantes fermes et propriétés. Avec leurs murs chaulés, elles trônent fièrement dans la campagne comme autant de châteaux. De superbes portiques débouchent sur des cours intérieures soignées, témoignant d'un bien-être traditionnel. On voudrait s'y arrêter, y passer des vacances, donner un coup de main pour rentrer les moissons et s'asseoir ensuite avec la famille du paysan autour de la table de bois récurée et manger du lard à même la poêle à frire.

Ce nom de "Hainaut", pays de l' "Haine" a dû être attribué à ce domaine dès le VIIIe siècle. La contrée du Hainaut entre déjà en ligne de compte dans l'histoire de l'Occident comme comté carolingien dont Mons était le centre.

Alors que toutes les provinces de Belgique ont un chef-lieu qui constitue en même temps le centre de la région, le Hainaut en possède trois: Charleroi, capitale administrative, Mons, le cœur du Borinage et la vieille ville de Tournai toute chargée d'histoire, une ville qui, en vertu de son passé, de sa culture et de sa situation géographique, ferait plutôt partie de la Flandre voisine.

Au centre de Tournai qui, avec Tongres, est la plus vieille ville de Belgique et première capitale des Francs, se dresse la fière cathédrale du XIIe siècle. Il faut le souligner car c'est un chef-d'œuvre de l'art architectural d'Occident. La "ville royale" de Tournai entretient avec le plus grand soin ses traditions folkloriques.

En 1691, les troupes de Louis XIV détruisirent complètement Mons. Pour sa reconstruction, les Français imposèrent l'utilisation exclusive de la pierre et des tuiles. Il fut interdit d'ériger des escaliers en saillie ou autre particularité architecturale. Aujourd'hui, les maisons du XVIIe et même du XVIIIe siècles sont la fierté de la cité. Ironie de l'histoire…

On connaît si mal cette province de Belgique parce qu'on a qu'une hâte, c'est de la traverser au plus vite. Pourquoi? Parce que du charbon n'est jamais que du charbon? Des usines des usines?

Vous n'y êtes pas. Le *tourisme industriel* a aussi son charme et, de ce point de vue, le Hainaut a bien des choses à montrer. 1950 signifie la fin ce grand ensemble industriel; l'industrie charbonnière ne rapportant plus rien, elle fut abandonnée. Après quoi, certains habitants achetèrent la maisonnette où ils avaient vécu des années et que leurs parents avaient habités avant eux. Les usines qu'au début des années septante on voulait encore abattre, furent restaurées et remises en état: l'*archéologie industrielle* venait de naître. Entre-temps, Le Grand Hornu est le plus grand complexe industriel de Belgique; ce qui en 1971 n'était encore qu'un tas de ruines, est aujourd'hui connu de tous les initiés. La visite de ce lotissement houiller, l'un des plus vieux du pays – comme bien d'autres dans la région – donne vraiment à réfléchir.

Une question se pose: est-ce que les légendes, les contes, les histoires de fantômes qui courent encore les rues sont dues à cette atmosphère brumeuse, monochrome qui régna si longtemps sur cette région, dans cette province?

Plus encore que dans n'importe quelle autre province belge, les habitants du Hainaut se transmettent de génération en génération des histoires de dragons et de géants, d'apparitions de saints et de diables.

Partout, on organise des fêtes populaires. Dès le printemps cela grouille de personnages pacifiques marchant derrière tambours et fifres et revêtus d'anciens uniformes militaires. Tous les fusils tirent des salves en une véritable pétarade et les fanfares entraînent à travers le pays des cortèges aux costumes bariolés et aux bannières multicolores. Plus de soixante défilés sont organisés tous les ans entre le printemps et l'automne entre Sambre et Meuse. Grenadiers, dragons, officiers de toutes les armes, mascottes et géants de toile et d'osier parcourent le pays.

Est-ce la poursuite d'une réalité moyenâgeuse? En tous les cas, cette sorte de carnaval reflète bien l'exubérance et l'âme des habitants de cette région.

Le sommet de ces festivités populaires culmine avec le carnaval de Binche. Le jour du "Mardi gras", les *gilles* sont de sortie et parcourent la ville, la tête parée de leur somptueuse coiffure en plumes d'autruche. Seul un Binchois de souche a le droit de *faire le gille*. Le règlement est très strict. En dehors de la danse, leur activité principale est de lancer des oranges dans la foule en délire.

Ces oranges, prétendent les folkloristes, rappellent les pommes du Jardin des Hespérides et les costumes des gilles celui des caciques de l'Amérique du Sud précolombienne. Ce qui n'est pas impossible car cette fête fut offerte au XVIe siècle à la ville de Binche par Marie de Hongrie, sœur de Charles-Quint et gouvernante des

Pays-Bas, en l'honneur de la reconquête du Pérou par les Espagnols.

Donc, outre toutes les curiosités offertes par l'*archéologie industrielle*, le Hainaut présente également une abondance de traditions. Ce n'est pas pour rien que l'on y trouve un peu partout de merveilleux châteaux. Tout au sud, dans ce que l'on a appelé "la Botte du Hainaut", Charles le Téméraire avait l'habitude de se reposer au château de Chimay et il n'a certainement pas manqué de rêver au bord du lac de Virelles, le plus grand plan d'eau de Belgique. Philippe le Bon, Charles-Quint et Philippe II fréquentaient assidûment Le Roeulx. Et même Wellington y passa la nuit à la veille de la bataille de Waterloo. Oui, ce n'était pas hier.

Tournai se love fièrement dans la vallée, sous le poids des cinq clochers de son église romane, dans l'étreinte de l'Escaut. Deux mille ans d'histoire. Mais en dépit de ce riche passé, la ville se contente plutôt de vivoter. Dans les environs de ce chef-lieu de province à quelques pas de la frontière française, s'étale un agréable paysage où, dans l'infinité des champs s'élèvent d'imposantes fermes, des domaines seigneuriaux avec leur propre mode de vie.
Le "château-ferme de Hardiplanque" est l'un d'entre eux, à Blandain, ou plutôt à Moulinel, un coin de terre béni grâce à son sol fertile. Les gens du lieu savent où se trouve le domaine, chacun connaît les herbages opulents. Au XVIe siècle, la famille de Lannoy transforma la ferme en une splendide résidence. Le millésime 1556 inscrit sur le corps d'habitation témoigne aujourd'hui encore fièrement d'une époque révolue. Les étables seraient encore plus anciennes et se seraient trouvées là où aujourd'hui un vieux marronnier jette son ombre, où coqs et poules font les fiers et où la paysanne suspend son linge dans le vent. Une vie comme depuis toujours. Une vie à la campagne. La famille Liagre entretient le domaine historique et poursuit la tradition agricole. "Pommes de terre à vendre"... ou "voulez-vous des œufs frais"?
Qui dit mieux?

Non, le Hainaut n'est pas "le pays noir" à l'industrie en ruine. Dans le vaste paysage et les vallées boisées, derrière les jardins en fleurs et les prés luxuriants, s'ouvrent de splendides portes hospitalières qui mènent à la cour d'imposantes fermes. Ici, on ne se contente pas de planter le blé. Ici, il n'y a pas que des porcs et des vaches dans l'étable. Le cultivateur hennuyer fournit également de délicieux légumes car de quoi ferait-on la "soupe au pourpier" si l'ail, le céleri, les pommes de terre, les petits pois et le cerfeuil manquaient? Et si les travailleurs du Borinage ne mangent plus aujourd'hui de "soupe aux haricots blancs", ce nourrissant potage reste tout de même un plat de choix. On l'appelle aussi "soupe boraine" ou "potage carolorégien", selon l'endroit où on vous la servira.
Donc, il faut des légumes, et en quantité, si l'on veut préparer la "soupe aux gros haricots", la "soupe aux fèves" avec de l'ail et du céleri, ou la "soupe à la citrouille" au goût légèrement sucré.

Depuis le Moyen Âge, la bourgade de Petit-Enghien, pas très loin de Bruxelles, doit sa richesse et son bien-être aux fruits de la terre. De nombreuses fermes décorent le paysage, comme la "Ferme de Wavrelles", déjà connue au XIIIe siècle sous le nom de son propriétaire de l'époque, et toujours exploitée par des cultivateurs dynamiques. Le domaine ne se dévoile qu'au détour d'une longue allée de peupliers, le long d'un étang, et, derrière les douves du château, on se croirait au bout du monde. Et pourtant non: dans les champs les semences germent, les céréales poussent et croissent. Des oies, des poules et quelques chèvres cherchent leur nourriture dans les flaques et dans la riche terre ... en attendant de passer au hachoir.

En prenant la route vers Kain, on aperçoit s'élevant à l'horizon la silhouette de la "Ferme de Barbisard". Cet ancien domaine des seigneurs de Grécy du XIIIe siècle à Obigies-Pecq fut transformé en ferme en 1728. Génération après génération on sème et récolte des céréales, on élève du bétail, on plante des légumes. Pour Gérard Desmons, qui réside dans cette ferme depuis 1924, le travail des champs et à l'étable était devenu trop dur après le décès de sa femme. Aujourd'hui, il cultive ses géraniums, et, dans les pots en terre, où l'on conservait autrefois la viande salée pour que l'on ait assez à manger durant l'hiver, poussent aujourd'hui des fleurs. Les temps changent.

Depuis quatre générations, la famille Déffontaines exploite ici à Honnevain, près de Tournai, cette merveilleuse ferme de 1743, enfoncée dans le paysage au bout d'une allée de peupliers. Le farouche cultivateur de la "Ferme de l'Évêque" avec ses nombreuses petites madones, sa cour soigneusement balayée et ses tournesols, ne souhaite guère être dérangé. Sa devise est sans doute "prier et travailler en toute humilité".

À Fayt-le-Grand, dans l'extrême pointe du Hainaut, se dresse la "Ferme de Rampemont", dont les origines remontent jusqu'au XIe siècle. Aujourd'hui, les enfants peuvent y entrer en contact avec le monde des animaux: traire les vaches, nourrir les chevaux, faire de l'équitation et ramasser des œufs.

Il y a 180 vaches dans l'étable. Toute la fierté de Joseph van de Kerckhove, l'éleveur. Il y a plus de cinquante ans qu'il a quitté Wingene, en Flandre-Occidentale pour aboutir à Solre-sur-Sambre, où les fermes étaient plus grandes que dans la patrie flandrienne et l'avenir plus prometteur pour une grande famille d'agriculteurs. Avec sa femme, Maria Maes, l'aînée de 14 enfants, il a travaillé un demi-siècle dans cette imposante ferme jusqu'à ce qu'il se préoccupe, tout récemment, de se trouver un successeur. La petite bourgade, proche de Mons et rattachée à la commune d'Erquelinnes, apparaît déjà dans les annales de 1093 sous le nom de "Solria". La "Ferme du Clocher" avec son imposant portail, fut construite à la fin du XVIIIe siècle.

La "Ferme Rose" qui remonte au XVIIIe siècle se trouve dans le petit village de Kain derrière des douves, sur la route de Mont-Saint-Aubert. On ne peut pas la manquer, mais si l'on veut frapper à la porte de la fermière pour lui acheter des pommes de terre ou des légumes, il faudra attendre qu'elle revienne des champs.

La "Ferme Delgueule", de la seconde moitié du XVIIe siècle, se trouve également rue du Mont-Saint-Aubert, nichée dans une jolie cuvette et ainsi à l'abri des regards indiscrets. Qui ne voudrait pas s'y arrêter?

“Mien est le balancement
du seigle et du lin,
un ciel plein de nuages
et dans le crépuscule

Une fois de plus ce furent des moines qui s'installèrent ici dès le IXe siècle. Ils étaient venus de Lobbes et dépendirent à partir de 1171 de l'abbaye d'Aulne. C'est aux XVIe et au XVIIe siècles que la "Ferme Dansonspenne", à Fontaine-Valmont, hérita de son caractère féodal en grande partie grâce à l'abbé Jean de Lannoy. Comme la ferme se trouvait assez loin de l'abbaye, les moines s'équipèrent de tout ce qui était indispensable à une exploitation agricole: une forge, un atelier de maçons, un parc de véhicules et une sellerie. Naturellement, on édifia également une chapelle. "Dansonspenne" devint donc complètement autarcique. Pendant la longue période de paix du XVIIIe siècle, les pieux occupants se consacrèrent à l'amélioration des diverses céréales, à l'endiguement des épizooties et à l'accroissement du rendement de l'agriculture. Malheureusement, cette exploitation florissante subit le sort de tous les cloîtres dans la tourmente de la Révolution française. Après près d'un millénaire d'activité monacale, la ferme changea de propriétaire. Une époque marquante avait cessé d'exister pour toujours. Pendant la Première Guerre Mondiale, le 14 août 1914, le domaine fut la proie des flammes. En dépit de tout, "Dansonspenne" représente aujourd'hui encore plus de 340 hectares de bonne terre arable et constitue l'une des exploitations agricoles les plus importantes de la région.

La Flandre-Orientale

Une vaste plaine aux douces collines, parcourue de rivières et de ruisseaux

C'est ainsi que l'on peut décrire le paysage de Flandre-Orientale. C'est ici que vécut et écrivit Émile Verhaeren. Et Marie Gevers, née sur les bords de l'Escaut qu'elle immortalisa dans son livre "*La comtesse des digues*".

Tourbillonnant gaiement, s'attardant parfois, l'Escaut parcourt le paysage, longeant digues et prés, entraînant avec lui tous ses affluents et canaux en direction de la mer.

Des rangées de peupliers barrent l'horizon. Partout des champs de céréales, de lin, des cultures maraîchères et des champs de bégonias, blancs, jaunes, sanguins, bleus, roses ou mauves, aussi loin que les yeux portent. Le pays est chamarré.

La Lys, capricieuse, déploie ses flots gris vert, parfois impétueux, en milliers de méandres au milieu des herbages, entourée d'aulnes et de saules, et cherche sa voie au milieu des potagers et des champs, entre forêts et bois. Des rapaces nichentsur ses digues.

Ce pays plutôt plat, traversé par l'Escaut et ses nombreux affluents, proche de la Mer du Nord, peut se targuer d'une histoire bien particulière. Après la dernière attaque des Normands au IXe siècle, la population put enfin reprendre son souffle et des marchands s'installèrent près des

forteresses qui les protégeaient des intrusions. Au Xe siècle, le comte Baudouin II accorda à la ville de Gand, capitale de la région, le droit d'exercer le métier de tisserand et de tanneur. C'est ainsi que l'industrie du drap devint la source principale de la richesse gantoise. Aujourd'hui, quand on se promène le long des canaux et des rivières dans lesquelles se reflètent depuis toujours les maisons des corporations des tanneurs, des bateliers et des céréaliers, on va à tout moment du passé au présent.

Le bâtiment le plus impressionnant de la montée en puissance de Gand est le Château des Comtes, le "Gravensteen". Aujourd'hui encore, la capitale de la Flandre-Orientale a l'air d'avoir été bâtie autour de cette grande et austère construction. Ce château, érigé en 1180 est bien la plus impressionnante des fortifications romanes d'Europe.

La Flandre, issue du Royaume Franc, ne fut d'abord, il y a mille ans, qu'une toute petite principauté. Mais, à cette époque déjà, Gand était un centre commercial important. Les territoires à l'ouest de l'Escaut, qui appartenaient également à la ville, étaient un fief français. La région à l'est de l'Escaut avec ses villes comme Termonde et Alost faisaient partie de la Flandre impériale, fief du Saint Empire romain germanique.

Ces limites se maintinrent jusqu'au XVe siècle. On y parlait alors un dialecte germain, la forme originelle du néerlandais. Les Pays-Bas du Sud sont depuis toujours un creuset des cultures romane et germanique. Cela les caractérise aujourd'hui encore.

"Ce pays plat et humide s'est vu attribuer très tôt le rôle de *champ de bataille de l'Europe*", écrit l'historienne anglaise Patricia Carson dans son livre "*Flandre, magie et destin*". Cela n'empêcha pourtant pas cette population travailleuse d'entre Escaut et Lys, de vaquer à ses affaires. Aucun état du continent ne disposait au XIIe siècle d'une base économique aussi solide que la Flandre. Le Rhin se mêle ici aux fleuves du nord de la France et de la Hollande et les navires anglais accostaient dans les ports flamands. À la fin du XIIIe siècle, Gand était le plus grand producteur de drap de l'Europe occidentale et livrait velours et tapisseries, étoffes de luxe, tissus précieux et dentelles à toutes les cours royales. Plus tard, Merian plaça Gand au nombre des villes rebelles d'Europe, aux côtés de Paris, Liège et Poitiers. Car ces Gantois possédaient également le courage de tenir tête aux autorités.

Au XIVe siècle, la capitale de la Flandre-Occidentale comptait près de 60.000 habitants. C'était la plus grande ville au nord des Alpes et ce n'est pas sans fierté qu'on l'appelait la "*meilleure adresse*" de l'Occident. Toute la haute société du Moyen Âge venait se fournir en Flandre, ce creuset de mentalités aussi diverses que la romane, la germanique, la franque ou la frisonne.

C'est également ici, à Gand, le 24 février 1500, qu'est né Charles-Quint, le Habsbourg. L'arrière-pays de cette ville d'empire, le paysage de la Flandre-Orientale est charmant, avec la légère odeur de la mer toute proche. Il est plus intime, plus coquet que les interminables étendues fertiles de la Flandre-Occidentale. Les prés et pâturages de Flandre-Orientale se transforment parfois en douces collines, entourées de chemins creux, sur lesquelles les arbres se balancent au vent. Le dimanche les gens du lieu restent là, pensifs, à califourchon sur leurs chaises, devant leurs maisons de brique blanchies à la chaux, dans leurs jardinets plantés avec soin, le regard perdu, rêvassant ou jouant aux cartes. La vie à la campagne est rurale et parfois même authentique, comme si le temps s'était arrêté.

Anachronisme à la belge? Elles existent pourtant, et à bien des endroits, ces natures mortes flamandes, issues du passé.

Peu de gens les connaissent, car qui va s'aventurer dans cet arrière-pays laissé pour compte? Mais pour l'individualiste, l'épicurien, une visite dans une telle région sera un événement. Il y a là des endroits comme Rupelmonde, ville natale de Mercator, le célèbre géographe et cartographe,

Termonde, ville administrative dont la mairie remonte au XIVe siècle ou l'ancienne capitale impériale, Alost. Près de l'Escaut se trouve Tamise, petit ville portuaire où le fleuve vient caresser des terres fertiles. Au VIIIe siècle, la princesse carolingienne Amalberga épousa le comte Witger, mais elle avait fait serment de chasteté, d'obéissance et de pauvreté. Fuyant la soldatesque – raconte la légende – c'est sur le dos d'un esturgeon sorti des eaux du fleuve qu'Amalberga gagna la pittoresque bourgade de Tamise dont elle est aujourd'hui la patronne depuis plus d'un millénaire. Tous les ans, la sainte fait l'objet de processions et de mortifications.

Eh, oui! La Flandre... Pays des gens pieux. La Flandre, deux âmes dans un même corps. Un pays à la croisée des sensibilités romanes et germaniques. La blonde Marguerite et ses compatriotes aux yeux noirs: les arrière-petites-filles du duc d'Albe!

Cette Flandre et ses habitants ont été représentés à jamais par les maîtres de la peinture flamande. Aujourd'hui encore, une colonie d'artistes ne vit pas très loin de Gand en plein paysage paisible et mélancolique traversé par la Lys. Ici, à Latem-Saint-Martin, on peut encore percevoir la trace de cette créativité si expressive de l'âme flamande. Qu'il suffise de citer Permeke, van de Woestijne, Saverij, Octave Landuyt...

Le voyageur se doit d'y venir l'esprit libre et en sympathie, sympathie pour ce paysage extraverti, mais très expressionniste et pour ces gens opiniâtres entre Escaut et Lys.

À Kruishoutem, on trouve un nombre inaccoutumé de fermes et de domaines classés. Ici, sur ce territoire qui s'élève légèrement, à cheval entre la plaine de Flandre-Orientale et les Ardennes flamandes, la vie est encore toujours rurale. Des petits villages avec une grande église au milieu se profilent à l'horizon. Les habitants aiment la tranquillité.

A l'extrême nord-est de Zomergem, en plein "Meetjesland", la Bosstraat est interminable. Est-ce que ce chemin mène quelque part? Le "Goed van Rapenburg", un vrai bijou entre les peupliers et les champs étales, figure dans les annales du XIIIe siècle. Dans ce paysage plat, humide, un paysan flamand opiniâtre exploitait déjà le terrain en 1412. Depuis lors, pas grand chose de changé. Le cultivateur sème, défriche, plante, laboure et récolte encore bon an mal an sans se reposer, sur le petit arpent du bon Dieu. Mais depuis des siècles ce sont les riches patriciens, propriétaires du domaine aux environs de Gand, qui font la loi. "Je mange leur pain, donc je chante leur chanson"... Qui leur en voudrait? Si l'on creuse un peu dans l'histoire, on découvre des commentaires du XVe siècle, des récits de querelles et de troubles politiques au XVIIe siècle, on apprend bien des choses sur les problèmes de succession et on découvre une liste impressionnante de fermiers infatigables. Des gens avec les deux pieds sur terre. Des agriculteurs y travaillent aujourd'hui encore. La famille Verschelde sait quand et comment il faut s'y prendre et cela depuis 1905.

Ancienne et nouvelle génération sous un même toit. Le père Verschelde avec la belle-fille. Des fleurs partout où le regard porte. Une splendeur comme on n'en voit plus qu'à la campagne!

De mémoire d'homme, le "Meetjesland" est en lutte contre les marées. Peu de Flamands savent où se niche ce coin de terre entre les deux capitales de province, Bruges et Gand. Le soleil ou la lune se reflètent selon l'heure et le temps, dans l'eau inerte des mares que laisse la mer en se retirant. Les fossés traversent herbages et champs, le long des digues et des interminables rangées de peupliers, là où niche le gibier d'eau, où le héron immobile sur ses pattes observe du coin de l'œil le pécheur stoïque, immobile lui aussi, des heures durant.

Jusqu'au XVIIe siècle, les habitants de ce coin de terre n'ont pas connu la paix. C'est l'eau qui régit plus ou moins leur quotidien. Ils menèrent un combat inégal contre les vagues de la mer qui submergeaient les digues jusque loin à l'intérieur des terres, et contre l'Escaut qui sortait sans cesse de son lit. Aujourd'hui encore, les gens évoquent avec effroi la marée "Élisabeth". En 1376, elle ravagea impitoyablement une vingtaine de villages. Plus de 50.000 personnes auraient été emportées par les eaux. Ces fameuses mares à l'aspect si indolent portent les noms de "Boerekreek", "Oostpolderkreek", "Hollandsgat" ou "Roeselaarkreek". Ici, le silence est palpable. Dans le "Houtland" situé plus au sud, par contre, on rencontre un paysage paisible de collines, de bois et de voies d'eau tranquilles. L'animation de la ville, qui est pourtant à deux pas, semble hors de portée des yeux et des oreilles.

Au village tout le monde se connaît. Ce n'est pas une légende mais la réalité. Ainsi, certaines de ces charmantes maisonnettes perdues au sein d'une nature intacte, ont derrière elles une histoire longue et riche en événements. Ici habitait l'humble cultivateur qui devait payer des droits de fermage à un comte ou un simple paysan pacifique qui jamais ne se découragea. Aujourd'hui, de nombreux citoyens se sont installés dans ces charmantes bicoques. La ferme minuscule est entre-temps un vrai petit bijou sans avoir perdu pour autant son charme originel.
La commission des sites et des monuments y veille soigneusement.

En 1670, le roi de France Louis XIV, aurait donné sa permission personnelle au domaine de "Cruyshautem" de tenir marché une fois par an. Les rusés habitants ne s'en satisfirent toutefois pas et utilisèrent leur privilège à fond pour arriver à tenir marché toutes les semaines. Un beau jour, le paysan ou la paysanne, ne se contenta plus de n'apporter sur la place du village que les fruits, les légumes ou les herbes de son jardin, ils présentèrent également aux chalands des corbeilles pleines d'œufs frais. Et ce fut le signal d'une nouvelle évolution, car peu avant le début de la Première Guerre Mondiale, la chose devint officielle: en mars 1913 Kruishoutem reçut le statut exclusif de "marché aux œufs et à la volaille hebdomadaire". Entretemps, un siècle a presque passé et ce village paisible au pied des Ardennes flamandes est aujourd'hui le comptoir central du commerce des œufs en Belgique. Ce n'est évidemment plus l'infatigable paysanne mais une technologie de pointe qui règle aujourd'hui à la bourse la mise aux enchères et l'achat de dizaines de milliers d'œufs. Un coup d'œil sur internet suffit pour s'en rendre compte. Ainsi donc la modernité n'est pas passée au large de cette idylle du pays flamand.

C'est en l'an 1517 que fut donné le premier coup de truelle de la ferme "Hof te Cattebeke". Ce domaine féodal rural, caché par une courbe du village d'Etikhove, doit son nom à la famille Cattebeke. Un paysage accidenté par ici, quadrillé de chemins creux entre les grandes étendues de pâturages et de champs, si typique de cette région, qui à leur tour offrent plus de charme que l'interminable plaine qui s'étire vers l'ouest.
Depuis, ces villages d'Etikhove, de Maarkedal et de Nukerke, si l'on regarde par-dessus les collines, on aperçoit, enserrée dans un méandre de l'Escaut, la ville historique d'Audenarde. C'est ici que Charles-Quint engendra son premier enfant, la future Marguerite de Parme.
"Hof te Cattebeke", chargée d'histoire, dont les fiers propriétaires furent tour à tour gens de robe, bourgmestres ou jurés et jouissaient d'une grande estime dans leur pays, est aujourd'hui une ferme en possession de la famille Thienpont. Leurs ancêtres ont tourné le dos à la vie rurale pour se consacrer au commerce du vin. Aujourd'hui, la "Hof te Cattebeke" vend depuis des générations les vins fins qu'elle importe du monde entier. Et sous les voûtes mystérieuses des caves ancestrales de cette ferme historique, on peut parfois goûter à ces nectars aux noms de "Vieux Château Certan" ou "Château Puygeraud".

Le pays apparaît ici dans toute la douceur rendue si magnifiquement par le peintre Joachim Patinir (1475-1524), fondateur de l'école paysagiste flamande. Le paysage est un véritable patchwork de champs gris ou bruns et de verts herbages inclinés, avec ici où là une maison qui fait le gros dos ou une tour d'église qui pointe vers le ciel. Les arbres dressent leurs maigres silhouettes devant un décor de nuages, inondés de pluie ou figés dans le brouillard montant. Au lointain la ligne de crête des collines disparaît dans les Ardennes flamandes. Les champs avec leurs épis qui se balancent dans le vent barrent l'horizon et les "montagnes" de Flandre, comme le "Rode Berg", le "Zwarte Berg" et le "Kluisberg" (le Mont de l'Enclus), constituent aujourd'hui un but d'excursion recherché dans ce coin de Flandre qui confine à la frontière française.

Mullem, un village sorti tout droit d'un roman du terroir flamand, se trouve en marge de la Nationale 60 qui mène de Gand à Audenarde. Un décor presque irréel. Mais qui quitterait cette route follement animée pour pousser une pointe entre les peupliers, les pâturages, les châtaigniers les prés gras de cette idylle flandrienne typique? Seuls ceux qui souhaitent se laisser aller, s'abandonner à la rêverie, se promener sur les pavés ronds pour une randonnée dans le temps, admirant au passage des fermettes restaurées, une vieille école de village, un presbytère impressionnant et une église de taille étonnante pour un si petit village. Elle est dédiée à Saint Hilaire. Comment cet écrivain du IVe siècle, plus tard évêque de Poitiers, qui défendit le **Credo de Nicée,** *échoua-t-il un jour à Mullem reste un mystère. Mais qu'importe? L'endroit a conservé une atmosphère bien particulière.*

Flandre-Occidentale

Les Celtes ont vécu ici, au milieu de ces dunes de sables...

Au IIIe siècle, la Mer du Nord était entièrement aux mains des pirates, principalement des Frisons et des Saxons. Le carolingien, Baudouin Bras-de-Fer, comte de Flandre forma le projet au IXe siècle de se joindre aux pirates normands qui, depuis la Frise et la Saxe, s'en prenaient non seulement à l'Angleterre mais terrorisaient également les côtes nord-ouest de l'Europe. Le pape réussit en dernière minute à persuader l'aventurier de lutter *contre* les Vikings au lieu de fraterniser avec eux. Du reste, le fougueux Baudouin dépendait du bon vouloir du pape, car il souhaitait obtenir sa bénédiction pour épouser en secret Judith, la fille du roi de France Charles le Chauve, qui avait fuit la maison paternelle.

Roulé dans la farine, le beau-père n'attendit pas trop longtemps pour se réconcilier avec son impétueux gendre, en lui offrant en 875 la dote contestée du territoire entre l'Escaut et la Somme, "pagus flandrensis".

Ce *plat pays* souvent en dessous du niveau de la mer et protégé par de peu fiables digues, sans cesse grignoté par les eaux, était inhospitalier et marécageux. Mais cela n'empêchait pas le premier comte de cette Flandre toute neuve de dormir.

Le souverain opiniâtre retroussa ses manches.

En 883, les Vikings quittèrent définitivement la région. Baudouin II régnait sur un pays dévasté, presque dépeuplé, stérile, plein de marécages, de forêts et de landes dont les églises en bois avaient été rasées, dont les céréales ou bien n'avaient pas été semées ou bien n'avaient pas été récoltées, et dont le bétail avait été volé ou mangé.

Cela n'empêcha nullement ce peuple laborieux de remettre le pays en état et de s'atteler à la tâche.

La Flandre-Occidentale, un pays plat, fertile, à l'abris de digues peu sûres. Un pays en partie conquis sur la mer, un pays de constructeurs de digues.

Et ce furent des moines dynamiques, dans leurs cloîtres à l'abri des dunes, qui engagèrent le combat contre les flots et les vagues, contre la tempête et le sable, qui mirent en valeur et prirent soin de ces polders fertiles.

Au XIIe siècle, aucun état du continent européen ne possédait une économie aussi solide que celle de la Flandre.

Bruges, l'élégante cité moyenâgeuse avec sa merveilleuse architecture gothique, devint la métropole du nord. Le monde entier s'y donnait rendez-vous.

Les Vénitiens y apportaient le sucre de canne d' Égypte et de Crète... Et du parmesan, de l'huile, de la rhubarbe, du vin de Chypre, des oranges de Sicile, des feuilles de séné, de la lavande, de la soie, des brocarts, des médicaments et des épices comme la cardamome, l'aloès, la myrrhe, la girofle, la noix de muscade, le gingembre, le poivre, le cumin et bien d'autres choses. Les navires espagnols déchargeaient en abondance les fruits de leur pays: des amandes, des grenades, des olives, du raisin. Le cuir venait d'Afrique du Nord. D' Espagne méridionale venaient les tapisseries de Cordoue que l'on trouve aujourd'hui encore sur les murs des anciennes constructions flandriennes. Avec cela du lin pour les voiles, de la cire d'abeille, du fer, du liège de Castille et de Leon; du vin, du sel, de l'anis, de la réglisse, du safran d' Asie. D' Allemagne arrivaient les céréales, le vin du Rhin, le bois, le métal, des produits chimiques, de la laine. Des pays nordiques, de l'ambre, de l'argent, des peaux, des fourrures, de la graisse du Danemark, du salpêtre, du zinc, du cuivre et de l'or de Pologne, de Bohème et de Hongrie. Abondance dans tous les domaines, et, dans le port, on débarquait même le vin de Bordeaux...

La ville d' Ypres, complètement détruite par les Allemands au cours de la Première Guerre Mondiale, possédait dès l'an 1200 sa propre halle aux draps, témoin de la richesse et de la fierté d'une population travailleuse.

Au début du XVe siècle, un épouvantable ouragan s'abattit sur le pays, le jour de la Sainte Élisabeth. La mer submergea la terre et les dunes mais les habitants ne se laissèrent pas abattre.

Ils ne manquaient pas d'imagination non plus; un Ostendais, Guillaume Beuckels, par exemple, inventa en 1416 un système pour conserver les harengs: la mise en baril. Les harengs, que l'on pêchait de la Mer Baltique jusqu'aux côtes de Finlande, devaient être conservés. Après en avoir ôté les viscères, Beuckels avec un petit couteau, fit passer les branchies par les joues du poisson et le recouvrit de sel. Un procédé qui fut appliqué plus tard aux sardines, aux anchois et aux maquereaux.

C'est à partir de ce moment-là que les Ostendais devinrent les spécialistes mondiaux de la conservation du poisson.

Les Flandriens vivaient bien.

Mais les événements allèrent bientôt se retourner contre eux. Lorsque au XVe siècle, les Flamands passèrent sous la domination des Habsbourg par le mariage à Bruges, en 1485, de leur belle princesse Marie de Bourgogne avec Maximilien d'Autriche, s'en fut fini de la douce paix. Les troubles politiques entraînèrent bientôt la décadence de Bruges et de son riche arrière-pays. L'ensablement du Zwin, qui reliait Bruges à la mer, détourna les marchands qui livrèrent désormais leurs marchandises par Anvers.

Certes, cet arrière-pays ne fut plus régulièrement inondé par la Mer du Nord, mais de violentes tempêtes apparurent alors, qui causèrent la mort de milliers de personnes.

Entre-temps Philippe II, le fils de leur bien-aimé Charles-Quint, souverain bigot de la prude Espagne, asservit la population flamande. Les mauvaises récoltes, la famine et les querelles religieuses qui ne cessaient d'augmenter d'intensité déclenchèrent finalement la révolution. Les *gueux* parcoururent le pays, pillant et détruisant églises et couvents. La vengeance de *Felipe el prudente* fut impitoyable. Des mercenaires espagnols, souvent mal payés vinrent mettre le peuple au pas.

Ils l'humilièrent et le détruisirent complètement.

Finie la belle prospérité de ces terres fertiles.

"Quand viendra la paix tant souhaitée, où nous pourrons en toute quiétude faire rôtir des perdrix, cuire des chapons et frire les saucisses et les œufs dans la poêle? " s'exclame Lamme Goedzak, le compagnon de Till Ulenspigel. Son maître lui répond: "ce temps béni viendra lorsque, dans les vergers de Flandre, un Espagnol pendra à chaque pommier, à chaque cerisier et à chaque prunier, à chaque pêcher, à la place de leurs fruits".

Aujourd'hui encore tristesse et mélancolie planent sur ce "lage land".

La tristesse s'étend à l'horizon et s'attarde sur la vaste étendue de la plaine sans fin.

La mélancolie, aussi loin que le regard peut porter.

Le ciel, presque toujours recouvert de nuages gris, se penche au-dessus de l'inconstante Mer du Nord et sur les riches polders.

Les arbres se courbent sous le vent.

La population de Flandre-Occidentale est taiseuse et travailleuse. Robuste, fidèle et plutôt méfiante. Même si l'histoire n'a pas toujours été tendre avec elle.

La Première Guerre Mondiale fit de la Flandre-Occidentale un cimetière et 25 ans plus tard, en 1940, les Allemands envahirent à nouveau ce beau pays. Le 18 mai 1940 l'armée belge ouvrit les écluses de Scheursas et de Nieuwendamme, inondant la rive droite de l'Yser. Trop tard. Les Allemands érigèrent le Mur de l'Atlantique, une chaîne de bunkers colossale.

Jusqu'au moment où les alliés arrivèrent.

L'activité industrielle et touristique de la côte, après la guerre, n'a pas eu que des retombées positives: des villes côtières, des villages-rues, un amalgame de béton et de mauvais goût, coincés entre les dunes, devenues méconnaissables.

Architecture multicolore, beauté, nostalgie et laideur médiocre alternent en Flandre-Occidentale avec des coins de nature vierge et des paysages paisibles.

Pourtant la vie ici se déguste à pleines dents. Le vent y souffle autrement qu'à l'intérieur des terres. Le bruit de la mer envahit les oreilles et la lumière est claire, blanche même, le jour. Quand il ne pleut pas des cordes!

Il faut louer un vélo et visiter Saint-Idesbald. Cette localité a voué une fondation au grand peintre surréaliste belge Paul Delvaux. Il faut aussi pousser jusqu'à Furnes, cette petite ville toute imprégnée de la période espagnole.

En roulant sur ce pays plat, on peut défier le vent qui souffle énergiquement et compter au passage les fermes blanches. Elles sont là comme des boîtes et parsèment le paysage entre les roseaux gigantesques et les peupliers tordus par le vent.

Sur la place du marché de Furnes, chez "Sixtus" on peut déguster une bière trappiste ou une "Rodenbach". Et les petites villes comme Lo, Dixmude, Ypres, Courtrai ont leur propre physionomie.

L'arrière-pays de Flandre-Occidentale est conscient de son grand héritage culturel.

La Flandre-Occidentale. Pays plat. Pays secret.

Avec Memling, Till Ulenspigel, avec Charles le Téméraire et Marguerite d'York. Avec James Ensor et Paul Delvaux.

Dans les premières lueurs de l'aube rose apparaît, entre ciel, terre et chaume, "Groot Kalkaertsteen". Nous sommes au début d'avril. Sur la côte, qui n'est qu'à quelques kilomètres et où pendant la journée règne une activité intense, tout est encore tranquille. On frissonne légèrement, car l'air est froid pour la saison. Mais il est soyeux et la lumière n'en est que plus belle à ce moment de la journée. La ferme qui figure depuis le XVIIIe siècle (1770-1778) sur les cartes de Ferraris sous le nom de "Cense Groot Galekaers Leen" et sur les cartes d'état-major depuis le XIXe siècle, se trouve en plein milieu du paysage de Flandre-Occidentale à Leffinge, à peine visible à l'horizon. Le pays se tait. Tout est encore calme. Le bétail et les gens se laissent encore un peu de temps. Dans le temps, un pont levant enjambait les fossés. Aujourd'hui, seules les colonnes de briques témoignent encore de ce passé.

Et il y a encore une meule dans un petit bâtiment, octogonal en plein champ. Les Romains savait déjà comment on attelait un cheval, un âne ou un mulet à un treuil et aux Pays-Bas on a continué à utiliser cet engin, mu par un cheval, pour moudre tout le grain récolté. À l'origine, la maisonnette avait un toit en paille, en 1976 on l'a remplacé par des tuiles flamandes.

Ce n'était plus qu'une immense flaque, ce reste d'océan, arrachée à la Mer du Nord, grâce à une vieille ceinture de dunes. Cela a dû se passer il y a quelques 3000 ans avant Jésus-Christ. Entre 1620 et 1627, l'architecte Wenzel Cobergher, assécha tout le domaine et érigea une digue de huit kilomètres, à la demande des archiducs Albert et Isabelle. C'est là l'origine des "Moeren", des marais. Afin de détourner l'eau de la digue, l'habile architecte fit construire 22 moulins à vent. Ce domaine qui exerce une incontestable fascination, se trouve à certains endroits à deux mètres cinquante en dessous du niveau de la mer. Aujourd'hui il n'y a plus que deux de ces moulins. Le "Sint-Karelsmolen" qui a encore fonctionné jusqu'en 1968, déploie fièrement ses ailes dans le vaste ciel au-dessus du plat pays.

La ferme "Cameroen", aujourd'hui sur le territoire de la commune de Oostkerke, appartenait jusqu'à l'occupation française à l'abbaye cistercienne de Cambon au nord de Mons. C'est un fait que les guerres détruisent tout. "t' Groot Cameroen" n'était plus qu'une ruine en 1918. Le roi Albert I a visité le Westhoek, ce coin de Flandre où des dizaines de milliers de soldats laissèrent leur vie pendant la Grande Guerre. Mais après cet enfer, les agriculteurs récupérèrent leurs terres, retroussèrent leurs manches, labourèrent leurs champs, achetèrent du bétail et des moutons et rendirent vie à cette imposante ferme, du moins à ce qu'il en restait. Ils bâtirent des granges, des étables et des logements pour leur personnel. Et il y eut de nouveau des kermesses. La vie à la campagne: un éternel va-et-vient entre les devoirs et les plaisirs.

Les plantations de pommes de terre dans les polders sont largement connues. Ce tubercule aime visiblement le sol flandrien derrière les dunes avec les assauts répétés de la mer capricieuse. Ici, il pousse magnifiquement. Ce n'est qu'au XVIIIe siècle que ce légume, ramené des Andes par les conquistadores espagnols, commença à faire fureur ici. Un beau jour il devint le plat principal des pauvres, mais soyons sincère: qui dédaignerait une superbe pomme de terre avec une noix de beurre et un peu de saindoux?

Rêverie et mélancolie caractérisent l'arrière-pays, "le plat pays qui est le mien" (Jacques Brel) à quelques jets de pierre entre Damme et Knokke l'élégante, où les touristes, en plein été, se marchent sur les pieds. Presque inaccessible derrière de nombreux virages, parmi les herbages, les champs et les fermettes, au bout d'une imposante allée de saules, se trouve la modeste ferme "De Stamper". Ici, dans la région du Zwin, Marc Nyssen, de la quatrième génération d'agriculteurs, exploite avec un grand respect des vieilles pierres de sa ferme, un élevage de "bleus d'Aquitaine", une savoureuse race bovine, et régale, quand il en a le temps, les visiteurs à la recherche d'authenticité. Autour de la longue table, près de la cheminée ou du vieux réchaud, on trouve tout ce que les champs et les étables peuvent offrir. Du producteur au consommateur! Inscrit dans le bois d'une poutre, dans la vieille grange, s'étale fièrement le millésime 1759.

"Le soleil de midi, calme
serein.
Un voile d'or enveloppe le
cœur lourd,
qui en silence s'ouvre à
l'espace,
emplit du duvet bleu de
l'instant;
le pressentiment de tout ce
qui dort encore
et que nous-mêmes, poissons
ignorants,
nous nageons dans un tiède
océan".

Firmin van Hecke

Perdus quelque part entre l'Yser, disons entre la Mer du Nord et la frontière française, loin de l'excitation des plages, se trouvent les petits villages de Pervijse, s'Heer Willemskapelle et Lampernisse, pour n'en nommer que quelques-uns uns, tous pratiquement en dessous du niveau de la mer. Là, le touriste étranger ne s'aventure guère sur les chemins ruraux ou sur les pavés. Car ici, le monde passe subitement à la vitesse rurale: c'est le domaine des gens travailleurs et pieux. La cure de s'Herre Willemskapelle date de 1217 et la ferme, appelée "Klein-Westhof", de 1661. Ce ne furent pas toujours des temps pacifiques. Au XIVe siècle, les paysans de la région se disputèrent avec le suzerain, en vain toutefois. Et plus tard, les guerres de religions laissèrent leurs traces. Au milieu du XVIe siècle, les gueux firent des ravages dans la région et la plupart des églises furent pillées et dévastées. Mais le cultivateur... labourait, semait, récoltait. Tout comme aujourd'hui. Qui ne se laisserait pas séduire par le charme de cet oasis?

Il y a quelques siècles, on poussait les moutons sur le faîte des digues lorsque les eaux de la mer envahissaient le paysage. En 1207, à Ese, on parla de **terra nova**, *terre gagnée sur la mer, car à l'époque déjà on avait commencé sérieusement à construire des digues. Même indirectement les événements historiques ont plusieurs fois influencés leur destin. On sait que le 15 octobre 1914, les Allemands prirent position sur la route qui mène à la ferme encore exploitée "d'Oude Stokerij" et que c'est là que fut déclenchée la période la plus dure de cette guerre. Une guerre de tranchées dans un terrain éternellement envahi par l'eau, une guerre au gaz. La superbe ferme, qui figurait déjà sur la carte de Dixmude en 1772, fut touchée par une grenade à l'époque et sérieusement endommagée. La famille Maes, qui exploite la ferme aujourd'hui, a fait table rase du passé; elle laboure ses champs, élève ses vaches laitières et ses porcs. Ainsi va la vie.*

On dit que, du Moyen Âge jusqu'à nos jours, les moines cisterciens brassent la bière avec le même enthousiasme qu'ils adressent leurs prières à Dieu. Seule la bière brassée dans leurs brasseries, la Triple ou la Double à le droit de s'appeler "bière trappiste". On dit que même les mécréants gardent en mémoire le goût délicieux et la consistance de la mousse de la bière brassée avec le plus grand soin dans l'abbaye Saint-Sixte de West-Vleteren. Dieu soit loué!

Brabant

Les jumeaux brabançons: deux miniatures

Érasme, humaniste et penseur, aurait soupiré peu avant sa mort à Bâle en 1536: "*ah! si seulement le Brabant n'était pas si loin...*"

Il y a plus de mille ans, cette région bénie était l'un des plus beaux duchés de l'Occident et les Bourguignons en avaient fait leur lieu de séjour favori.

Aujourd'hui encore, le prince héritier de Belgique porte le titre de "Duc de Brabant" et l'hymne national belge s'appelle "La Brabançonne".

Ce sont les Nerviens et les Éburons dont on a retrouvé les premières traces sur ce terrain fertile, entre la plaine flamande et les collines ondulantes du Brabant. Même si n'est que par les *Commentaires* de Jules César qu'on les connaît. C'est chez lui qu'on trouve le mot germain de "Banti" ce qui signifierait "contre" et dont on aurait fait plus tard "Brabant", pour qualifier à l'époque un domaine sans nom qui s'étendait entre l'Austrasie et la Neustrie et qui appartenait à la Lotharingie.

C'est au VIIe siècle, sous le règne des Mérovingiens qu'apparaît pour la première fois l'expression "Pagus Bracbatensis". C'est à cette époque que fut construite la superbe abbaye de Nivelles qui constitue aujourd'hui l'un des points d'attractions de la région. En 1086, le comte Henri III de Louvain s'intitula lui-même "Bracbantis patriae comes est advocatus", *comte de la patrie des Brabançons*. Les immenses possessions des abbayes de Nivelles et de Gembloux ne tardèrent pas à lui échoir.

En 1106 son successeur Godfroy Ier fut nommé duc, ce qui marqua la naissance du duché de Brabant.

À la bataille de Worringen, en 1288, le duc Jean Ier de Brabant vainquit son adversaire en un tournoi singulier. À partir de ce moment-là le nom de Brabant fut sur toutes les lèvres. En guise de reconnaissance pour leur loyauté, les villes brabançonnes se virent attribuer d'importants privilèges et libertés. Une sorte de première mouture d'une *déclaration des droits de l'homme et du citoyen?*

La région s'épanouit. La prospérité s'installa. À la fin du XIVe siècle le duché florissant s'étendait de Gembloux à Bois-le-Duc. Cadeaux, alliances et héritages contribuèrent encore à l'extension du territoire et à sa puissance. Le comté de Bruxelles et le marquisat d'Anvers faisaient partie du territoire brabançon.

Le Brabant fut de tout temps une contrée privilégiée avec ses douces collines allongées, sur lesquelles se découpent les silhouettes des lourds *chevaux brabançons*. Avec ses champs d'épis bercés par le vent, ses plantations de houblon et, visible au loin vers le sud, les premiers contreforts des Ardennes.

C'est le centre géographique de la Belgique et, si elle en a un, c'est ici que son cœur bat...

En plein centre se trouve Bruxelles, cette pomme de discorde de la nation, le cœur de l'Europe, la symbiose entre les cultures, empêtrée dans ses contradictions.

Ce creuset fait de rues étroites, autour de la Grand Place mondialement connue, avec sa maison communale de style gothique flamboyant, dont la tour de 96 mètres domine la ville, témoigne d'une histoire commune séculaire. Face à cette somptueuse mairie: la "Maison du Roi". D'abord halle aux pains et aux draps au Moyen Âge, elle devint au XIIIe siècle le bureau des recettes des ducs de Brabant et servit de tribunal et de bureau des douanes. C'est dans ce bâtiment que les deux plus célèbres *gueux*, les comtes d'Egmont et de Hoorne passèrent leur dernière nuit avant d'être décapités sur les ordres du duc d'Albe.

Bien des années plus tard Napoléon intervint à son tour dans l'histoire du Brabant. En 1795, il déclara le duché de Brabant territoire français et créa deux départements. Cette réforme n'eut pas la vie longue, la défaite française de 1815 fut le début d'une nouvelle époque et d'une redistribution des cartes.

En 1830 la Belgique fut créée en tant qu'Etat. Ce petit pays, à peine visible sur un planisphère, fut constitué tout d'abord de neuf provinces; quatre flamandes: Anvers, Limbourg, Flandre-Occidentale et Orientale, et quatre wallonnes: Hainaut, Namur, Luxembourg et Liège. Ce n'est que dans la province de Brabant que l'on parlait flamand au nord et français au sud. À Bruxelles, la capitale, l'on était censé parler les deux langues nationales.

Des siècles durant les Brabançons s'étaient essayés au *trilinguisme*. Ne disait-on pas à la Belle Époque: "Flamand et Wallon ne sont que des prénoms, Belge est notre nom?"

Et puis surtout, de toutes les provinces belges, le Brabant – aujourd'hui divisé en Brabant Flamand et en Brabant Wallon – est le seul à ne pas avoir de frontière internationale. En revanche, nous avons ici cette *frontière linguistique* tant contestée, une frontière entre la communauté néerlandophone et entre la communauté francophone, donc: entre la Flandre et la Wallonie. Cette "frontière" fut définitivement fixée par les lois du 8 novembre 1962 et du 2 août 1963.

Aujourd'hui encore, les raisons de cette partition linguistique sont toujours violemment contestées. Peut-être faut-il y voir un rappel de l'invasion des Francs au Ve siècle. À ce moment-là, le nord de la Belgique actuelle où l'influence romane se faisait moins sentir, fut peuplé par une majorité

franque qui continua à parler son "diets" germanique. Le sud, en revanche, s'imprégna de la culture romane et parla l'idiome roman.

Ainsi, les choses suivirent leur cours. À la fin du XXe siècle, la Belgique devint définitivement un Etat fédéral, réparti en trois régions, la Flandre, la Wallonie et Bruxelles-capitale.

Après plus de cinq siècles, le Brabant bilingue fut dissout, la ville flamande de Leuven devint capitale du Brabant Flamand et Wavre celle du Brabant Wallon. Une conséquence logique de la réforme de l'Etat belge.

Pour préserver l'unité, la constitution ne pouvait attribuer à chaque région que la partie du Brabant où l'on parlait la langue correspondante. Bruxelles devint autarcique en 1992 et l'on écrira dans les livres d'histoire que le Brabant Flamand et le Brabant Wallon naquirent à la fin du XXe siècle.

Mais Brabançons, Wallons et Flamands savent que leur histoire est vieille de 2000 ans.

Le Brabant Flamand, le pays de Bruegel

"Je t'apporte le salut de tous les saltimbanques et de tous les prestidigitateurs qui vont de village en village pour y répandre la bonne humeur et la joie", c'est ce qu'écrivait, à titre posthume, le poète flamand Félix Timmermans au peintre brabançon Bruegel l'Ancien. Bruegel qui depuis 1563 vécut et travailla dans ce gracieux paysage, entre ciel et collines. *"Tu es celui qui a peint notre peuple, nos sept péchés mortels comme nos sept vertus, nos amis, nos joies, notre grandeur et nos faiblesses, notre mysticisme, nos superstitions, notre sensualité".*

Le Brabant, cette chambre au trésor de l'Occident.

Aujourd'hui, le Brabant Flamand, la plus petite des provinces flamandes avec son million d'habitants, n'en a pas moins 467 au kilomètre carré ce qui en fait, après Anvers, la densité de population la plus élevée de Belgique. Ici on ne parle plus du *plat pays*, non: ici la terre s'élève du nord au sud en ondulations successives jusqu'à la Forêt de Soignes – dont le plus haut point atteint 139 mètres – là, où Charles-Quint et sa sœur Marie de Hongrie s'adonnaient à la chasse au gibier. Là, où les rivières s'appellent le Rupel, la Dendre, la Senne, la Dyle et la Gette, leurs rives sont sources de richesse. Ici, depuis toujours, poussent les légumes et les fruits, les raisins et les céréales, fleurs coupées et chicorées.

La ville universitaire de Louvain (Leuven) est le cœur de cette petite province flamande. Ici, l'on a jamais pris son parti de la décision du duc Jean Ier, le vainqueur de Worringen, chevalier et minnesinger du XVe siècle, d'établir sa résidence à Bruxelles, cette ville que – d'après ses propres paroles – il "aimait plus que toute autre ville au monde". Mais si avec cette décision du duc Jean, Louvain (Leuven) la fière cessait d'être capitale, le duc Jean II, en 1425 fit de la ville le centre des études générales et elle est restée jusqu'à ce jour l'une des villes universitaires les plus importantes et à l'architecture la plus impressionnante d'Europe.

En 1518 Érasme fonda ici le "Collegium Trilinguae". C'est sous son impulsion que l'on y enseigna le latin, le grec et l'hébreu. André Vésale y enseigna l'anatomie tandis que Juste Lipse y proclamait ses théories éthiques et politiques.

A posteriori, la démarche de l'Université Catholique de Louvain est confuse. Elle fut souvent, au cours des siècles, le jouet d'enjeux politiques. En dépit de tout, elle reste un centre d'influence intellectuelle fascinant et, depuis le 1er janvier 1995, Louvain (Leuven) est la capitale de la Province du Brabant Flamand.

En 1865, Félix Sohie installa la première serre sur les hauteurs de Hoielaart et bientôt elles recouvrirent les coteaux du pays brabançon dans son village comme à Overijse. Il fut un temps où l'on comptait plus de 13.000 serres ici et pratiquement chacun dans la région cultivait les précieuses grappes de ce raisin savoureux et unique par sa taille.

Pendant un temps très bref, ce fruit miracle apporta bien-être et confort à ce petit village. Rien qu'à Hoielaart 160 maisons imposantes sortirent de terre, les "villas des serristes", avec serres attenantes. La concurrence étrangère et les assouplissements des règlements de l'Union Européenne amenèrent toutefois la décadence. C'en était fait du rêve. Aujourd'hui, les doux coteaux n'hébergent plus que quelques exploitations et les spécialistes ne mettent leur science et leur art qu'au service de quelques connaisseurs qui ne jurent que par leurs précieuses grappes. Sur la chaussée de Notre-Dame-au-Bois, à Hoeilaart, outre le raisin dans les serres traditionnelles, on rencontre la famille Kumps qui habite une des villas typiques des planteurs de raisin.

Qu'est-ce que vous préférez? Une "lambic", un "faro", une "kriek", une "geuze" ou une "ketje"? Vous n'avez que l'embarras du choix. En Belgique, il existe un nombre incalculable de bières et les Belges font partie des plus grands consommateurs de bière du monde. Julian disait que "les Belges souffrent en permanence de la soif, mais ne connaissent le raisin, c'est pourquoi ils s'en tiennent aux céréales". Le gouverneur romain à la langue bien pendue voulait sans doute dire qu'il avait pitié de ces barbares qui cherchaient l'ivresse dans un breuvage fermenté. Et de fait, la bière fut d'abord fabriquée à partir d'orge germé, mélangé avec du seigle, du froment ou de l'avoine. Plus tard, on ajouta le houblon, ce qui améliora son goût et la rendit plus digestible. Pour les gourmets: les germes de houblon sont coupés, lavés et liés entre le début et la mi-mars. Ces germes croquant de cinq millimètres d'épaisseur ont le goût de l'asperge et sont servis de la même manière. Très souvent avec des œufs de caille et une sauce hollandaise.

Overwinden est une bourgade qui compte à peine 550 habitants. Son nom provient de l'ancien germain et signifie "un village aimé et surélevé". De longtemps, personne n'arriva jusque-là. Après l'époque romaine, il y eut d'abord au début du deuxième millénaire un presbytère. Mais les habitants se disputèrent et la localité se divisa en Neerwinden et Overwinden. Finalement, le seigneur van Winde s'installa entre les deux, à Middelwinde. Pour apaiser tout le monde? Cela n'empêcha pas toutes les armées d'Occident de traverser la région et de détruire sans le moindre scrupule les fermes solitaires et les champs. Les Français, les Anglais, les Hollandais et finalement les Allemands. Dans l'impressionnante ferme carrée " Casa di Lieri", construite au XVIIIe siècle, en plein milieu du village et dans le voisinage immédiat de l'église, la Résistance belge, durant dans Seconde Guerre Mondiale, y cacha dans ses gigantesques granges, ses armes et son matériel et tenta de défier l'occupant.
Il fait beau ici. Loin de tout. La paix presque absolue.

Cette région est certainement le berceau de l'Europe. C'est du moins ce que les gens du lieu prétendent. C'est de Landen, en effet, champ d'activité des Carolingiens, qu'est originaire Pepin de Landen (580-640), arrière-grand-père de Charlemagne, qui jeta les bases d'une Europe unie. Ici, le Brabant Flamand confine aux provinces du Limbourg et de Liège. Rien d'étonnant donc à ce que l'on parle les deux langues nationales à Walshoutem, un faubourg de Landen et rattaché autrefois à la principauté de Liège. Le ferme "Walhohoeve", construite en 1858, a souvent changé de propriétaire et servit d'habitation à des maraîchers-fruitiers, ce qui est caractéristique de cette région. Plus tard, l'occupant de cette ferme se consacra à l'élevage du bœuf "blanc-bleu belge". L'actuel propriétaire de ce domaine, aujourd'hui classé, et pour lequel il a procédé à d'amples restaurations, se consacre à la culture de la betterave sucrière. Au premier étage de l'habitation, caché derrière deux portes, se trouve un autel. C'est là que, durant la Révolution Française, les prêtres non-assermentés venaient dire la messe en secret...

Le Brabant Wallon, “Roman Pays”

“Le Brabant, aimé des dieux comme aucun sol au monde”, écrit le poète wallon Maurice Carême et d’aucuns pensent que la plus petite province wallonne du royaume, en forme de quartier de lune, peut être comparée à une corne d’abondance. Car dès le premier millénaire, ce coin de terre fertile excita la convoitise des Romains et c’est parmi ses douces collines et ses petites vallées que s’installèrent les premiers grands agriculteurs d’Europe. Ils eurent de la chance, bâtirent d’imposantes fermes, de la taille d’un château et portèrent la réputation de leur corporation bien au-delà des frontières de la province.

Il fait beau ici. Tout simplement beau. Débordant d’enthousiasme, le poète Marcel Lobet écrivit: “c’est dans ce vert pays romain, vallonné que j’ai trouvé l’origine d’antiques sagesses”. Un pays au climat clément, avec de nombreux villages, des demeures seigneuriales et des fermes de pierres grises groupées autour d’églises imposantes, témoins de temps révolus.

D’immenses champs de blé à perte de vue, c’est cela le “*Roman pais*”, le Brabant roman avec ces villes historiques comme Nivelles dont la fondation remonte à l’année 645 et où l’on peut admirer une église datant de 1046. À l’abbaye de Nivelles, vint s’ajouter en 1129 le cloître d’Hélécine et l’abbaye de Villers, fondée en 1146 par douze moines et cinq frères de l’abbaye de Clairvaux. Ses ruines, parmi les plus fascinantes d’Europe, grouillent aujourd’hui de touristes.

Le Brabant Wallon, un pays plutôt pieux, donc, avec un nombre important d’abbayes, d’églises, de forteresses et de fermes. Et aussi des lieux célèbres comme Genappe, Mont-Saint-Guibert, Grez-Doiceau, Jodoigne et Hannut. Avec Waterloo, (*Waterloo, Waterloo, morne plaine* devait sa lamenter Victor Hugo, au souvenir de cette bataille la plus sanglante du XIXe siècle) le Brabant Wallon dispose aux portes de Bruxelles d’un des sites historiques les plus célèbres du monde. C’est ici, près du village de Waterloo que se décida, le 18 juin 1815, le destin de l’Europe et fut mis le point final à la prodigieuse épopée napoléonienne. En guise d’avertissement, les puissances alliées victorieuses se cotisèrent pour ériger sur une butte un monument: le fameux *Lion de Waterloo*. Pour élever cette butte, des hommes et des femmes se virent contraints de ramasser 32.000 mètres cubes de terre du champ de bataille. Pour jouir du paysage et méditer sur l’histoire, il faut en grimper les 225 marches...

Louvain-la-Neuve vaut aussi le détour. Après la scission définitive en 1968 de l’Alma Mater fondée en 1425, le doyen de l’université se mit à prospecter le Brabant Wallon. Sur le plateau de Lauzelle dans la commune d’Ottignies fut construit non seulement un nouveau campus universitaire, mais une ville complètement neuve, le plus grand projet depuis la fondation de Charleroi en 1666. Aujourd’hui plus de 10.000 étudiants francophones y étudient et y vivent.

Wavre, la capitale de la petite province du Brabant Wallon, est depuis le XIe siècle un point de rencontre entre les voyageurs se rendant de Bruxelles à Namur ou de Nivelles à Louvain et constitue le centre agricole et économique de la région.

Des générations de cultivateurs ont travaillé ici à Jauchelette, près de Jodoigne à la "Ferme de l'Abbaye de la Ramée". Ce domaine majestueux ne compte pas seulement parmi les plus grandes fermes du pays mais parmi les plus importantes de la province de Brabant. Ici, sur la rive de la Grande Gette, des religieuses cisterciennes étaient installées depuis le XIIIe siècle et elles ont influencé pendant plus de six siècles la vie chrétienne et rurale de cette région. Tout comme les autres abbayes du pays, après un florissant Moyen Âge et le mouvement mystique, la Ramée eût à souffrir des guerres de religions aux XVIe et XVIIe siècles. Incendies, pillages, conflits militaires et politiques furent la cause de la destruction de ce magnifique domaine et de la fuite des religieuses. Ce n'est qu'au XVIIIe siècle que le calme revint. L'abbaye, la ferme et la belle grange furent reconstruites, ce qui ramena les religieuses. Hélas, sous le régime napoléonien la maison, la ferme et deux écoles furent réquisitionnées et ce n'est qu'en 1903 que les religieuses réintégrèrent l'abbaye. Cet immense domaine avec ses vastes terres arables connut une exploitation agricole prospère jusqu'en 1990. Aujourd'hui, l' "Abbaye de la Ramée" est toujours là, encastrée dans un paysage merveilleusement paisible et elle mérite le détour, rien que pour son impressionnante cour intérieure, son colombier et la plus grande grange du pays.

Le "Brussels loof" ou "chicon de Bruxelles", légume du Brabant par excellence, fut présenté en 1875 par Henri de Vilmorin à la Société française d'horticulture, et en 1878, vendu pour la première fois aux halles de Paris sous le nom de "chicorée bruxelloise". Impossible de savoir où et quand fut plantée la première chicorée. En revanche, ce ne sont pas les anecdotes qui manquent. On prétend même que sans Napoléon, nous ne connaîtrions pas ce légume légèrement amer. Après que l'empereur des Français eût instauré le Blocus continental contre l'Angleterre en 1806, les agriculteurs belges se mirent en quête d'un "ersatz" à leur cher café et ils le trouvèrent dans les racines de la chicorée. Le légume en lui-même n'était qu'un sous-produit parce que un agriculteur qui plantait de la chicorée pour améliorer son "jus de chaussette" avait tout simplement oublié quelques racines dans sa cave. Un beau jour, il constata que sur ces racines poussait une sorte de tulipe blanche. Il goûta une feuille et fut enthousiasmé. Là-dessus, il pria sa femme de mettre au point une préparation digne de ce légume, ce qu'elle fit. Et comme tout le monde le sait: ce fut un succès.

Est-ce ici que le Brabant est le plus beau? Même après la récolte des céréales, quand la colline paraît comme rasée, avec son panorama à couper le souffle sur la Vallée du Train? Là-haut, derrière bien des méandres et sur des sentiers étroits qui longent des champs et des herbages, c'est à peine si l'on entrevoit cette ferme féodale. La surprise est d'autant plus grande lorsqu'on découvre le "Château-ferme de Corroy" avec ses bâtiments impressionnants des XVIIIe et XIXe siècles. Autrefois, non seulement le paysan conduisait sa charrue, mais aussi de nobles messieurs et leurs dames passaient au galop de leurs calèches sur les pavés ronds de Corroy le Grand.

Le petit affluent de la petite Gette, qui porte le nom curieux de Ry Henri Fontaine traverse le village d'Orp-le-Petit. C'est grâce à cette eau qu'au XIIe siècle déjà, les seigneurs de l'endroit s'installèrent et posèrent la première pierre de "La grande Ferme".
Deux tours imposantes et la grange sur la gauche, les étables du côté droit, entourent symétriquement la cour. Les visites inattendues sont mal vues. Ici, l'agriculteur et sa famille règnent en maîtres; portail et tours protègent leur intimité.

À Thorembais-les-Beguines, on dit que dans les temps anciens, un passage souterrain reliait "l'Abbaye de la Ramée" et la "Ferme de Mellemont". Mais la chose fut gardée secrète et il n'existe aucune preuve de son existence. La "Ferme Mellemont" fait partie de l'abbaye cistercienne de Villers-la-Ville qui l'exploita pendant 650 ans. En 1336, on construisit un cloître et une petite chapelle pour les moines qui y travaillaient. Jusqu'au début du XXe siècle, elle resta un lieu d'habitation pour les générations successives, jusqu'à ce qu'une famille de cultivateurs de onze enfants aille s'installer dans les bâtiments de ferme. En 1833, le domaine entra en possession de la princesse de Mérode. L'actuel fermier, monsieur Rigo, y perpétue une tradition agricole vieille de 850 ans. Non seulement il cultive des légumes, des pommes de terre et des céréales mais depuis quelques années, il se consacre également à la vigne, reprenant ainsi une activité exercée par les moines de Villers aux XVIe et XVIIe siècles.
Le long mur blanc qui ceinture le domaine recèle un calvaire dont les quatorze niches, protégées par une vitre, datent de 1865.

"Brabant aimé des dieux
comme aucun sol au monde".

Remerciements

Pour les informations et l'aide apportée à la réalisation de ce livre, tous nos remerciements à:

- l'attaché économique et commercial pour la Région Wallonne de l'ambassade de Belgique à Cologne;
- l'attaché économique et commercial pour la Flandre de l'ambassade de Belgique à Cologne;
- l'Office du Tourisme Flandre-Bruxelles à Cologne;
- le Syndicat d'initiative Ardennes-Bruxelles à Cologne;
- les archivistes et les collaborateurs du service de protection des monuments des dix provinces belges (la Protection des Monuments de Flandre et le Patrimoine de Wallonie);
- les archivistes, spécialistes des lieux et collaborateurs des offices régionaux et communaux de Belgique;
- le VLAM (Bureau Flanders Agrar-Marketing) à Cologne;
- la Coopérative malinoise Veilingen-Wavre-Sainte-Catherine;
- la Charcuterie Detry, Route de Merckhof 110, B- 4880 Aubel;
- Upignac, Le Foie Gras, B – 5310 Upigny.

Cette édition française paraît simultanément avec l'édition allemande (GEV) et néerlandaise (Davidsfonds Uitgeverij, Leuven).

Conception et rédaction: Rosine De Dijn
Photographies: Siegfried Himmer
Assistance: Suzanne George
Mise en page: Geert Verstaen
Traduction: Francis Garey et Eva Yager
Lithographies: Cito Communication, Bilstain (B)
Imprimé sur les presses de l'Imprimerie Grenz-Echo, Eupen (Belgique)
www.grenzecho.be
Reliure: Proost, Turnhout

ISBN 90-5433-184-4
D / 2003/ 3071/15

Printed in Belgium

Sur une hauteur et derrière un mur protecteur

Il y a de nombreux siècles de cela que les paysans construisaient leurs fermes sur une hauteur afin de mieux affronter les eaux capricieuses des fleuves et les raz-de-marée. Plusieurs de ces domaines, d'origine celtique ou franque se trouvent dans l'arrière-pays, derrière la côte, dans le plat pays des polders et le long de l'Escaut. Elles consistent en un corps d'habitation, des étables et des granges pour le fourrage et un parc à véhicules. Parfois s'y ajoute un pigeonnier. Les bâtiments isolés sont entourés de douves, comme à l'époque. On pénètre dans le domaine par un imposant portail qui constitue un premier obstacle pour les visiteurs trop curieux. Plus le paysan est travailleur et fortuné, plus les bâtiments se multiplient autour du robuste manoir ou de la bicoque confortable.
Mais il s'agit de soigner et d'entretenir tout cela. Comme toujours, les habitants s'occupent avec beaucoup d'amour et de soin de leurs habitations. Les belles façades sont revêtues d'une couche de peinture blanche, ocre, rose tendre ou vert pâle éblouissant; les châssis, les portes et les volets sont d'un rouge éclatant, verts ou bleus. Comme on le fait depuis des générations!

Moellons gris et richesse rurale derrière portes et murs

Ce minuscule triangle sur la mappemonde, même si on l'appelle "la plaque tournante de l'Europe", dont la plus longue distance d'un point à l'autre est de 315 kilomètres, d'une superficie à peine égale à celle de la Rhénanie-Westphalie, a bien des visages. Quelqu'un qui ne serait pas au courant et traverserait la Belgique en marge des autoroutes et dans quelque direction que ce soit, aurait l'impression de traverser un village multiple, parfois archaïque, une autre fois petit-bourgeois et étroit, puis généreux et riche, niché dans une verte campagne et parsemé d'endroits qui ont marqué l'histoire de l'Occident. C'est en Wallonie surtout que ce sentiment est le plus fort. Ici, un village s'enfonce résolument dans le vert d'une forêt, là un autre émerge de l'horizon et quelque part dans le lointain, une ferme imposante surgit sur une éminence. Charme bucolique. Et de loin en loin, on tombe sur une douzaine de ces maisons typiques en grès calcaire ou en moellons gris. La "maison bloc", une maison compacte pour le petit cultivateur des Ardennes, de la Lorraine belge, et aussi des Hautes-Fagnes, et de la Famenne, dont l'image domine les villages de Wallonie. Comme l'élevage d'une seule vache ou d'un seul porc ne nourrit plus son homme, les petites fermes ont perdu beaucoup de leur importance agricole. Le modeste cultivateur wallon qui doit nourrir sa famille doit travailler aujourd'hui hors de chez lui. Les "maisons à cour" ou "les fermes carrées" dont l'histoire remonte jusqu'au XVIe siècle et qui étaient le plus souvent rattachées à un château ou à un cloître se rencontrent encore dans le paysage vierge du Hainaut, du Condroz, aux environs de Namur et dans le riche Brabant. Ces grandes fermes avec leurs portails et leurs murs protecteurs devant le manoir, les logements des domestiques, les étables et les granges sont d'impressionnants témoins d'une longue et fructueuse histoire rurale de la Wallonie. La taille et l'ampleur croissent avec l'acharnement et le rythme des générations.